HOE KON DIT GEBEUREN?

YELLE TIELEMAN

HOE KON DIT GEBEUREN?

Over de zaak Anne Faber, collectieve woede en de lessen voor de toekomst

HarperCollins

FSC
www.fsc.org
MIX
Papier van
verantwoorde herkomst
FSC® C083411

Voor dit boek is papier gebruikt dat onafhankelijk is gecertificeerd door FSC™
ten behoeve van verantwoord bosbeheer.
Kijk voor meer informatie op www.harpercollins.co.uk/green

HarperCollins is een imprint van Uitgeverij HarperCollins Holland, Amsterdam

Omslagontwerp: Buro Blikgoed
Omslagbeeld: © Shutterstock/ILYA AKINSHIN
Foto auteur: © Quintalle Nix
Zetwerk: Mat-Zet B.V., Soest
Druk: CPI Books GmbH, Germany

ISBN 978 94 027 0255 2
ISBN 978 94 027 5772 9 (e-book)
NUR 320
Eerste druk april 2019

HarperCollins Holland is een divisie van Harlequin Enterprises Limited

www.harpercollins.nl

INHOUD

VOORAF EN VERANTWOORDING

Het is maandag 9 oktober 2017 als mijn nieuwschef mij vraagt om de verslaggeving van de vermissing van de Utrechtse Anne Faber over te nemen. Als verslaggever van het *AD Utrechts Nieuwsblad* schrijf ik dagelijks over criminaliteit en misdaad in Utrecht. Het is daarom logisch dat deze zaak bij mij terechtkomt. Omdat ik in de eerste week van Annes vermissing druk ben met het afronden van een onderzoeksproject, nemen andere collega's de verslaggeving voor hun rekening.

Nog diezelfde dag krijgt het onderzoek naar de vermissing van Anne een voor de buitenwereld verrassende doorbraak. De politie arresteert een dan 27-jarige verdachte, die op dat moment in een forensisch psychiatrische kliniek in Den Dolder verblijft. Op de redactie in Utrecht is het dan tumultueus. Wie is deze verdachte, willen we weten. En wat is dat ook alweer voor een kliniek? Wordt Anne nu snel gevonden? Wat kunnen we onze lezers melden?

Collega Ivar Penris en ik achterhalen binnen enkele uren de identiteit en de achtergrond van de verdachte. Vanaf dat moment laat de zaak mij niet meer los.

In de weken en maanden na de moord op Anne Faber heb ik uitvoerig verslag gedaan van alle ontwikkelingen die volgden. Ik reconstrueerde op basis van tientallen off the record-gesprekken met rechercheurs, politiemensen, medewerkers van justitie en andere betrokkenen wat er gebeurde op die fatale vrijdag 29 september 2017, en in de nasleep daarvan. En ik dook in de wereld van de forensische psychiatrie. Ik zocht contact met medewerkers, voormalig medewerkers, patiënten en ex-patiënten in een poging te schetsen hoe het eraan toegaat in de omstreden geraakte kliniek. Dit heeft uiteindelijk geleid tot een aantal geruchtmakende publicaties, met maatschappelijke woede over de omstandigheden in de kliniek tot gevolg. Deze publicaties zijn het resultaat van uitvoerig journalistiek onderzoek, waarmee niet lichtzinnig is omgesprongen. In juni 2018 volgde ik voor het *AD* de strafzaak tegen Michael P. In deze periode ontstond bij redacteur Maarten Boers en mij het idee een boek te schrijven over deze zaak.

Dit boek probeert een antwoord te geven op de vraag die iedereen zichzelf heeft gesteld: hoe kon dit gebeuren?

In *Hoe kon dit gebeuren?* reconstrueer ik Michaels jeugd en strafrechtelijke verleden, zijn tijd in de Roosenburg-kliniek en de moord op Anne Faber. Daarnaast wil ik in dit boek antwoord geven op de vraag welke lessen we hieruit kunnen trekken.

De research en het onderzoek voor *Hoe kon dit gebeuren?* versterkte de verslaggeving in mijn eigen krant, en vice versa. De basis van mijn werk zijn de journalistieke regels en principes. Dit boek is tot stand gekomen op basis van juridische documenten, onderzoeksrapporten, chatgesprekken van betrokkenen en eerder verschenen publicaties door de jaren heen in verschillende media. Ik heb gesprekken gevoerd met politiemedewerkers die betrokken waren bij het onderzoek, een officier van justitie, advocaten, familieleden en kennissen van Michael P. Ook heb ik interviews gehouden met medewerkers en voormalig medewerkers van de kliniek in Den Dolder. Roosenburg is tijdens mijn werk voortdurend gevraagd om commentaar en heeft dat ook altijd geleverd. Wel is het zo dat de kliniek niet wil meewerken aan het boek zolang het onderzoek van de Inspectie nog gaande is.

De familie en nabestaanden van Anne Faber hebben evenmin meegewerkt aan dit boek. Die wens heb ik gerespecteerd. Het hoofdstuk 'Anne' is daarom gebaseerd op eerder verschenen artikelen over Anne in diverse media.

Vanzelfsprekend is hoor en wederhoor de hele tijd een belangrijk onderdeel geweest van mijn werkwijze.

Ik heb in het boek een aantal dialogen opgenomen, onder meer in het hoofdstuk 'Vrijdag 29 september 2017', waarin ik Michael P. en Anne citeer. De citaten die ik gebruik zijn afkomstig uit het politiedossier en zijn ook als zodanig besproken tijdens de rechtszaak. In bovengenoemd hoofdstuk doet Michael bepaalde beweringen over de gebeurtenissen van die dag. Soms is niet na te gaan of deze feitelijk juist zijn. Waar Michael de werkelijkheid anders inkleurt, maak ik dat duidelijk door de versie van het OM daartegenover te zetten.

De rest van de dialogen in het boek zijn gebaseerd op basis van gesprekken die ik gevoerd heb met betrokkenen.

PROLOOG

Gek worden ze van hem. Kan het nóóit eens over iets anders gaan? Het moet en zal bij Michael altijd maar weer over seks gaan. Een ander gespreksonderwerp lijkt hij niet te hebben. Seks, seks en nog eens seks. Steeds maar weer opscheppen over een nieuwe verovering die hij het bed in heeft weten te krijgen. Hoe vaak hij wel niet vreemdgaat en dat hem dat helemaal niets kan schelen. Natuurlijk, zijn verhalen zijn grappig. En Michael vertelt ze smaakvol en altijd met veel oog voor detail. Maar na verloop van tijd wordt het vermoeiend. Michael weet gewoon niet van ophouden. En dat Michael ook steeds vóórdoet hoe hij als een beest tekeergaat in bed, dat hebben zijn vrienden nu ook wel gezien. 'Hou nou gewoon eens je bek over dat eeuwige geneuk van je,' zegt een van Michaels vrienden.

Michael kijkt verbaasd, maar hij houdt zijn mond. Het werkt. Tien minuten lang. Tot een knappe blonde dame langs komt fietsen en iedereen haar nakijkt. Dan kan Michael zich niet langer inhouden. 'Kijk dat wijf daar. Die zou je eens lekker lang moeten pakken.' Zijn vrienden zuchten. Daar gaat hij weer.

Vanaf het moment dat Michael een auto tot zijn beschikking heeft, komt de seks binnen handbereik. Niet dat de meiden in Zeewolde opeens massaal met Michael het bed in willen. Nee, Michael kan nu daadwerkelijk naar de seks toe. Er is niets dat hem tegenhoudt. De eerste keer dat hij naar het Zandpad in Utrecht rijdt, kan Michael zich nog goed herinneren. Zijn vrienden ook, want Michael raakt niet uitgepraat over de dingen die hij allemaal heeft gezien in en rond de hoerenboten die in de Vecht liggen aangemeerd. Het was filerijden! Blonde vrouwen, donkere vrouwen, vrouwen met voorbind-dildo's... En ze zijn allemaal te koop! Michael bezoekt de prostituees in Utrecht regelmatig. Hij neemt zelfs een keer midden in de nacht zijn vrienden mee. Hij is niet gierig en geeft ze geld om zelf ook een nummertje te maken. Een nogal dure grap, maar dat maakt Michael niet uit. Geld heeft hij genoeg. En bovendien is hij al aan de beurt geweest. Hij wacht met een glimlach op zijn gezicht af tot zijn maatjes weer voet aan wal zetten.

Een paar weken na het gezamenlijke nachtelijke bezoek aan de dames in Utrecht zijn Michael en twee vrienden weer eens neergestreken in De Stille Kern. Het grote bos aan de rand van Zeewolde is een van de vaste hangplekken van de groep. Niet dat ze hier echt iets uitvoeren, maar het is een rustige plek zonder veel pottenkijkers. Ze kunnen hier doen wat ze willen, zonder dat ze worden lastiggevallen. De jongens praten wat, drinken alcohol, roddelen over andere jongeren uit Zeewolde en ze praten over vrouwen. En Michael dus over seks. Sinds Michael met enige regelmaat naar Utrecht rijdt om betaalde seks te hebben is zijn 'verslaving' alleen nog maar erger geworden. De drie slenteren over het wandelpad in het bos. Een van Michaels vrienden inhaleert het laatste beetje nicotine uit zijn filtersigaret en schiet het restant met zijn vingers weg in de richting van een aaneengesloten rij bomen. 'Dat is de ideale plek om een wijf te verkrachten,' zegt Michael als hij de weggeschoten peuk nakijkt. Zijn vrienden kijken hem vreemd aan. Ze zijn gewend dat Michael graag praat over seks. Maar een verkrachting? Dat is nieuw. Ze laten hem maar begaan. Michael lult wel vaker uit zijn nek. Waarom zouden ze hem serieus moeten nemen?

Een paar weken later is Michael opnieuw met een vriend in het bos. Het gaat over van alles. Over de nieuwe scooter die een vriend heeft gekocht. Over de nieuwe PlayStation die net op de markt is. En ten slotte over seks. En opnieuw maakt Michael dezelfde opmerking, die de wenkbrauwen van zijn maatje laat fronsen. Weer vertelt hij hoe hij iemand zou willen verkrachten. Hij heeft er ditmaal zelfs uitgesproken gedachten bij. 'Als je hier iemand verkracht moet je dat wijf daarna met een touw vastbinden aan een boom. Je laat dat wijf hier gewoon achter en de beesten vreten haar op. Die vinden ze nooit meer terug.' Michael raakt er niet over uitgepraat – de perfecte verkrachting en hoe daarmee weg te komen. Michaels maatje hoort het aan en denkt er het zijne van. Ach, die Michael. Lekker laten kletsen. En hoewel Michael meer en meer zijn verkrachtingsfantasieën deelt, maakt niemand zich zorgen. Hoe vaak hij het ook van de daken roept. 'Het is Michael maar,' zeggen zijn vrienden.

Dan wordt het Koninginnedag 2010.

Twee jonge meisjes in Nijkerk worden het slachtoffer van een gewelddadige verkrachting.

Een dag nadat Michael door een arrestatieteam van de politie is ingerekend op verdenking van betrokkenheid bij de verkrachting, is Zeewolde in rep en roer. In no-time weet het hele dorp dat Michael is opgepakt en dat hij de verdachte is. De familie van Michael doet er alles aan om de verhalen in het dorp tegen te spreken. De moeite is tevergeefs: de aanhouding van Michael is het gesprek van de dag. Iedereen praat erover. Een eindeloze geruchtenstroom komt op gang in het dorp. Michael heeft nog véél meer op zijn kerfstok, beweren sommigen. De wildste verhalen gaan rond – tot op de dag van vandaag. En de verhalen krijgen in 2017 opnieuw zuurstof, als Michael in het nieuws komt als de moordenaar van Anne Faber.

In Zeewolde wil inmiddels niemand meer wat met de familie van Michael te maken hebben. Michaels vrienden zijn ook van slag. 'Hij heeft het zo vaak gezegd. Maar dat hij het echt zou doen, dat kan toch gewoon niet?'

1

DE JONGE MICHAEL

Vol trots rijden Heleen en Piet vanuit Amersfoort terug naar Bunschoten-Spakenburg. Het is zaterdag 5 mei 1990. De twee zijn net de trotse ouders geworden van een zoon. Ze noemen hem Michael en hij is na dochter Debbie het tweede kind van het nog jonge gezin. Michael groeit samen met zijn oudere zus op in het vissersdorp Bunschoten. Daar zal hij ook voor het eerst naar school gaan. De keus valt op de openbare basisschool 't Kruisrak. Het is de enige openbare basisschool in de gelovige gemeente, waar verder alle scholen van christelijke signatuur zijn. Michael vindt het niet leuk op school. Het helpt niet mee dat hij niet goed ligt bij zijn klasgenootjes. Al snel valt het de andere kinderen in de klas op dat Michael 'anders' is. Het komt door de afwijking van zijn linkeroog, dat flink naar buiten staat. Het geeft Michael een wat vreemde uitstraling. Omdat hij scheel is, draagt hij bovendien een klein rood brilletje en is zijn goede rechteroog vaak afgeplakt, om zo zijn mindere oog te trainen. Michael wordt er af en toe om gepest door zijn klasnoten. Hij gaat niet graag naar school en dat zal de rest van zijn leven zo blijven.

Veel vriendjes maakt de jonge Michael niet op 't Kruisrak en hij is veel op zichzelf. Op het schoolplein speelt hij vaak alleen, want de meeste kinderen vinden Michael maar een rare. Hij wordt maar zelden uitgenodigd op de verjaardagsfeestjes van zijn klasgenootjes.

Soms haalt hij op een gemene manier kattenkwaad uit. Zo zoekt hij toenadering tot de populaire jongens van de klas. Door de raarste dingen te doen probeert Michael op te vallen. Van het ene op het andere moment hard schreeuwen in de klas. Het werkt, want de populaire jongens laten hem meespelen. Maar er echt bij horen doet hij niet.

In groep 5 verlaat Michael 't Kruisrak, het gezin verhuist van Bunschoten-Spakenburg naar Zeewolde. Niemand in zijn klas vindt het erg dat Michael van school gaat.

Michael groeit op in een gezin waarvan de ouders vrijwel altijd aan het werk zijn. Vader Piet begint in 1986 samen met zijn broer Henri een bedrijf dat handelt in houten pallets. Het bedrijf draait goed, groeit hard en opent zelfs verschillende vestigingen. Voor zijn werk reist vader Piet samen met Henri regelmatig naar het buitenland. Onder meer in Litouwen openen de broers een vestiging. De succesvolle pallethandel is niet het enige werk van Piet, die simpelweg niet stil kan zitten. Samen met zijn vrouw Heleen bestiert hij ook nog twee kroegen in Zeewolde: De Drie Geboden en De Proeverij. De dagelijkse leiding laat hij over aan Heleen. Zij treedt uiteindelijk zelfs toe tot het bestuur van de lokale ondernemersvereniging. En dat zullen de leden van het bestuur weten ook. Heleen heeft een dominante inborst. Veel leden van de vereniging zijn naar verloop van tijd bang voor haar, vooral als ze woedend wordt wanneer ze haar zin niet krijgt. Haar uitbarstingen zijn berucht in Zeewolde. Heleen en Piet zullen later, als Michael in de gevangenis zit, uit elkaar gaan. Ze raken gebrouilleerd. Ook Henri en Piet gaan zakelijk uit elkaar.

Veel tijd voor familie-uitjes heeft het gezin niet. Om dat te compenseren krijgt Michael vaak nieuw en duur speelgoed, want door het harde werken heeft de familie over geld niet te klagen; het gaat Piet en Heleen zakelijk voor de wind. De kleine Michael wordt door zijn ouders in de watten gelegd. Piet en Heleen werken hard en zorgen ervoor dat de kinderen niets tekortkomen. Andere ouders in het dorp fluisteren dat Michael wordt verwaarloosd door zijn drukke ouders.

Michael is nog steeds niet dol op leren, maar zal toch naar school moeten. In Zeewolde valt de keus van zijn ouders uiteindelijk op de openbare basisschool 't Wold, aan de Flevoweg in het centrum. Dat heeft meerdere voordelen, want de school ligt niet ver van de kroeg waar Michaels moeder achter de bar staat. Michael kan dus lopend naar school en hoeft niet door zijn ouders te worden opgehaald.

Ook op de nieuwe school, de oudste school in het nog jonge dorp, kan Michael niet echt aarden. Ook hier maakt hij geen echte vrienden en is hij vaker dan hij zou willen alleen op het schoolplein. Om toch bij het populaire groepje jongens te horen zoekt Michael opnieuw aandacht door de lessen te verstoren en de boel op stelten te zetten. Hij maakt er een sport van om de leraar te provoceren. 'Hij zette dan een hele grote smoel op en maakte het voor de meester heel moeilijk om les te geven,' weet een voormalig klasgenootje. 'Omdat hij op die manier aandacht kreeg en stoer deed, vond hij toch aansluiting. Hij hoorde na verloop van tijd bij een groepje stoere jongens, maar echt accepteren deden ze hem niet. Ook zij vonden Michael uiteindelijk toch een raar figuur.'

In groep 7 is hij een dagelijkse lastpost voor de leraar. Michael schreeuwt door de klas en heeft maling aan de regels. Huiswerk is niet aan hem besteed. Bijna iedere dag krijgt hij straf. Maar ook dat deert hem niks. Alle leerkrachten op 't Wold kennen Michael en zijn reputatie en ze zijn hem uiteindelijk liever kwijt dan rijk. Ook Piet en Heleen beseffen inmiddels dat een reguliere middelbare school niet langer een optie is voor Michael, gezien zijn gedragsproblemen. Na veel overleg besluiten zij uiteindelijk dat Michael het beste af is op De Drempel in Harderwijk. De directie van 't Wold is blij dat probleemgeval Michael de school verlaat en zorgt ervoor dat de aanmelding bij het speciale onderwijs soepel verloopt. Het papierwerk dat normaal weken kan duren is in een mum van tijd voor elkaar. Groep 8 mag Michael overslaan.

De Drempel is een school die speciaal onderwijs aanbiedt en heeft veel ervaring met kinderen met ernstige gedragsproblemen. De meeste leraren kunnen goed overweg met kinderen die net als Michael zeer onstuimig zijn en bovendien zijn de klassen klein. Ook ligt het niveau een stuk lager dan op een reguliere middelbare school. De verhuizing naar een nieuwe school betekent ook dat Michael dagelijks het Nuldernauw moet oversteken. En het betekent dat hij veel moet fietsen. Dagelijks ongeveer vijftien kilometer.

Van het royale zakgeld dat hij van zijn ouders krijgt, koopt Michael van jongens in het dorp een paar brommers, ook al is hij nog maar twaalf jaar oud. Die verstopt hij vervolgens in de bosjes, niet ver van de plek waar de pont ligt. 's Ochtends vertrekt hij thuis met zijn fiets. In de buurt van de pont gooit hij zijn fiets in de bosjes en pakt dan een van zijn brommers.

Later legt Michael zich ook toe op het stelen van brommers. Zijn ouders weten al die tijd van niks en denken dat Michael met de fiets naar Harderwijk gaat.

Zijn gedrag op de pont is intimiderend. Voordringen, afsnijden en zijn brommer hoge toeren laten maken. Het zorgt ervoor dat de meeste opvarenden het liefst zo ver mogelijk uit zijn buurt blijven. Michael heeft in de omgeving van Zeewolde en Harderwijk dan al een flinke reputatie en jaagt bijna dagelijks de andere opvarenden de stuipen op het lijf.

Michael maakt op dat moment deel uit van een jeugdgroep die voor veel overlast zorgt. Michael beschouwt de leden van de groep als zijn vrienden, en voor zijn vrienden gaat Michael door het vuur. In de winter van 2004 ligt er een dun laagje ijs in de sloten. Michael en een vriend rennen over een sloot bij de Egelantier en hebben de grootste lol. Michael rent voorop maar hoort dan achter zich een harde schreeuw. Zijn maatje is door het ijs gezakt en Michael ziet nog net een hand uit het wak reiken. Michael rent terug en duikt met zijn hoofd het ijskoude water in. Een paar minuten later liggen de twee verkleumd in de berm. Zijn vriend is Michael eeuwig dankbaar.

Michaels vriendengroep bestaat uit ongeveer tien jongens. Ze hangen veel rond in de buurt van de skatebaan in Zeewolde, tegenover basisschool 't Wold, de oude school van Michael. Daar hebben de jongens elkaar leren kennen. Zittend op brommers of scooters gaan de joints van hand tot hand. Voorbijgangers krijgen nare verwensingen naar het hoofd geslingerd. Michael doet vaak mee en scheldt met ernstige ziektes, iets waar hij daarna hard om moet lachen. Blowen slaat hij echter over. Hij moet er niks van hebben. Michael maakt liever op een andere manier indruk.

Op YouTube staat een filmpje waarop goed te zien is hoe hij dat doet. Gek gemaakt door zijn maatjes rijdt Michael met zijn scooter rondjes over het skatepark. Eerst rijdt hij een halfpipe op en af. Dat gaat maar nét goed. Aangemoedigd door de joelende jongens besluit Michael dat het nog iets extremer kan, dan van deze simpele obstakels af te springen. Hij stuurt de scooter van het skatepark af en rijdt over het grasveld naar een grashelling. Na ongeveer honderd meter draait hij om, trekt de gashendel open en stormt weer de helling af. Dan rijdt hij in volle vaart op de skatebaan af, maar die is omheind door een klein heuveltje. Als Michael over het heuveltje scheurt, wordt hij gelanceerd en valt hij hard op het asfalt. De scooter landt meters verderop. Iedereen moet hard lachen en Michael nog het hardst. De harde smak op de skatebaan heeft Michael geen pijn gedaan. Zijn pijngrens is erg hoog. Veel hoger dan bij zijn vrienden.

Een paar weken later rijdt Michael op zijn scooter door Zeewolde. Hij heeft een goede bui en trekt de gashendel van zijn opgevoerde scooter eens goed open. Met ruim 80 kilometer per uur vliegt hij door de straten. Maar dan maakt hij een fout. Hij schat een bocht verkeerd in, begaat een ongelukkige stuurfout en crasht. De scooter is kapot en Michael breekt zijn enkel. Maar hij geeft geen kick. Alsof er niets is gebeurd loopt hij weg, tot grote verbazing van zijn vrienden. Hoe kan het dat hij geen pijn heeft?

Ook in de talloze vechtpartijen waarin hij en zijn

hanggroep belanden, laat Michael zien dat een beetje pijn voor hem geen probleem is. Bij een van die vechtpartijen weet hij definitief het respect van de groep te winnen. Michael krijgt van alle kanten klappen en moet zelfs kopstoten incasseren. Toch weet hij van geen wijken, blijft rechtop staan en komt als winnaar uit de strijd. Zijn vrienden noemen hem knettergek en Michael is trots op die geuzennaam. Hij heeft definitief een vriendengroep gevonden.

De skatebaan is niet de enige hangplek waar de groep van Michael te vinden is. De jongens kiezen ook vaak de bossen aan de rand van Zeewolde als *chillplek*. Het Horsterwold ten zuiden van Zeewolde is groot genoeg om rustig en anoniem ongein uit te halen. Het bos, aangelegd in de jaren tachtig, is een van de grootste aaneengesloten loofbossen van Nederland. Het hart van het bos is de Stille Kern en is ruim 1100 hectare groot. Het kenmerkt zich door bos, struweel, graslanden en moeras en is goed begaanbaar door de vele wandel- en ruiterpaden. Het is bij veel wandelaars erg populair. Michael leert het bos in de loop der jaren goed kennen. Het wordt een van zijn lievelingsplekken.

Ook diep in het bos gaan de joints van hand tot hand, maar Michael blijft de pretsigaretten overslaan. Wel slikt hij in die tijd ritalinpillen, die door de huisarts zijn voorgeschreven om zijn drukke gedrag een beetje te temperen. Michaels vrienden zien hem regelmatig 'knoeperds' van pillen wegslikken.

Het dichtbegroeide en afgelegen bos blijkt niet alleen de ideale plek om rustig een joint te roken. Het is bovendien de perfecte plek om illegaal vuurwerk af te steken. Als de donkere maanden aanbreken en het illegale vuurwerk weer in omloop raakt, is Michael avond aan avond te vinden in de krochten van het bos. Het is werkelijk de ideale plek. De knallen zijn tot in het dorp te horen en áls de politie al zou komen, weten de jongens snel genoeg te vluchten. Ze kennen het bos op hun duimpje en kunnen ieder bospad dromen.

Bevriend zijn met Michael zorgt er in die periode voor dat je wordt nagekeken in het dorp. Michael staat niet goed bekend in Zeewolde en een vriendschap met hem straalt slecht op je af. Maar stigma weegt niet op tegen de voordelen, vinden zijn vrienden. Verre van dat, zelfs.

Michael krijgt van zijn ouders honderden euro's zakgeld per maand. Veel meer dan zijn vrienden, die zaterdags vakkenvullen voor een extra zakcentje. Michael werkt soms in de palletfabriek van zijn vader en oom, maar doet dat alleen als hij daar zin in heeft. Hij toont zich dan een nuttige en behulpzame kracht. En werkt hij niet, dan krijgt hij alsnog zijn toelage. Naast de honderden euro's van zijn ouders krijgt hij vaak nieuwe spullen. Komt er een nieuw model van zijn favoriete scootermerk op de markt? Michael vraagt en krijgt. En hij geeft zijn oude scooter dan meteen weg aan een van zijn vrienden. Hetzelfde gebeurt met fietsen, PlayStation-modellen en dure merkkleding. Hij hoeft het maar te vragen en hij krijgt het. Michael is het niet anders gewend en maakt er handig gebruik van. Maar hij is niet gierig. Als hij zijn oude spullen weggeeft, hoeft hij er niets voor terug. Geld interesseert Michael niet zoveel. Michaels vrienden profiteren er gretig van.

Dat doen ze al helemaal als ze op de leeftijd komen dat de jongens alcohol gaan drinken. Michael loopt regelmatig een van beide kroegen van zijn ouders binnen om er met een fles sterkedrank weer uit te komen. De gratis drank smaakt de vrienden van Michael uitstekend. En als ze in andere kroegen zijn, is Michael niet te beroerd om rondjes bier te halen. Het maakt het uitgaansleven van Zeewolde een stuk levendiger voor de vriendengroep.

'Hier kun je een wijf verkrachten en haar dan achterlaten. Vastbinden aan een boom. Dan wordt ze verslonden door de beesten. En vinden ze haar nooit meer.' Zijn vrienden horen hem meewarig aan. Ach, het is Michael maar. Die zegt wel vaker gekke dingen en ze besteden er verder geen aandacht aan. Michael zal het vaker roepen, ook op andere plekken in het bos bij Zeewolde. Maar zijn vrienden doen er niets mee.

De extreme gedachten en opmerkingen van Michael komen zijn vriendinnetje Annelies aanvankelijk niet ter ore, en zijn vrienden laten het voor wat het is. Grootspraak.

Michael krijgt in die periode zijn eerste vaste verkering. Hij leert Annelies kennen in het uitgaansleven van Zeewolde. De twee zijn gek op elkaar, maar Michael is allesbehalve trouw aan haar. Hij blijkt vooral gek te zijn van seks en laat geen moment voorbijgaan om met een nieuwe verovering het bed in te duiken. Tegen zijn vrienden schept hij dagelijks op over zijn seksuele escapades en zijn fantasieën. Annelies hoort er via vrienden over, maar is te bang voor Michael om hun relatie te beëindigen.

In 2006 komt Michael voor het eerst in aanraking met de politie. Hij is dan zestien jaar oud en is weer eens bij een vechtpartij betrokken geraakt. Maar ditmaal komt hij er niet zo gemakkelijk vanaf. Het slachtoffer heeft namelijk aangifte tegen hem gedaan. Anderhalve maand later loopt Michael opnieuw tegen de lamp omdat hij samen met een van zijn beste vrienden een scooter steelt. Aanvankelijk wordt alleen Michael aangehouden, maar tijdens het verhoor noemt hij direct de naam van zijn vriend. Niet veel later wordt deze vriend alsnog gearresteerd. In september 2006 veroordeelt kinderrechter mr. G.P. Nieuwenhuis van de rechtbank Lelystad Michael tot een werkstraf van 60 uur en een leerstraf van 28 uur. Daarnaast moet Michael alle kosten voor de schade vergoeden en moet hij zich aan de voorwaarden van Jeugdreclassering houden. Ook krijgt hij veertien dagen voorwaardelijke jeugddetentie. Dat zou een flinke stok achter de deur moeten zijn.

De veroordeling maakt op Michael weinig indruk. Het zorgt er in ieder geval niet voor dat hij het rechte pad op gaat. Hij blijft regelmatig fietsen en brommers stelen. Zijn werkterrein verlegt hij naar de haven van Zeewolde en het haventje van Vakantiepark Zeewolde. Hier weet hij rubberbootjes en speedbootjes buit te maken. Soms verkoopt hij die, maar nog vaker laat hij ze ergens achter of zorgt hij ervoor dat de bootjes wegdrijven als hij erop uitgekeken is. Gewoon omdat het kan en hij er lol aan beleeft.

Een jaar na zijn veroordeling gaat Michael samenwonen met Annelies. Hij is dan nog maar zeventien jaar. Zodra het appartement boven De Proeverij vrijkomt, trekken ze er samen in. Annelies blijft evenwel op het adres van haar ouderlijk huis ingeschreven. Ondanks dat Michael en Annelies zijn gaan samenwonen, blijft hij seks hebben met andere vrouwen. Michael wil zo vaak als mogelijk seks, en het maakt niet uit of dat met zijn vriendin is of niet. Op een avond zijn Michael en zijn vrienden in de woonkamer aan het gamen. Ze hangen op de bank, de bierflessen staan op tafel en er wordt veel gelachen. Het is gezellig. Niet veel later komt Annelies thuis.

'Ik heb zin om te neuken,' roept Michael als Annelies haar jas heeft opgehangen en de woonkamer in loopt.

'Ik niet,' zegt Annelies schouderophalend.

'Dan ga ik wel naar een ander wijf,' reageert Michael verontwaardigd, waarop hij de controller van de gameconsole aan de kant legt en naar de voordeur loopt. Zelfs zijn vrienden, die al heel wat van hem gewend zijn, kijken raar op als Michael daadwerkelijk vertrekt.

Zodra Michael achttien jaar is, haalt hij zo snel als mogelijk zijn rijbewijs. Hij stapt al enigszins ervaren in de lesauto, want hij heeft menig avond doorgebracht in auto's van vrienden. Rondjes rijdend over het industrieterrein van Zeewolde maakte hij zich het schakelen en sturen snel meester. Uiteraard krijgt hij van zijn ouders een auto en hoeft hij er zelf niet voor te betalen. Michael kiest na lang dubben voor een blauwe Nissan Navara, een grote pick-uptruck. Hij heeft er een nieuwe hobby bij, want het rijden in de truck vindt hij geweldig. De inwoners van Zeewolde zien hem dan niet meer op de scooter door het dorp scheuren, maar in zijn nieuwste aanwinst. De auto geeft Michael veel vrijheid en zorgt er vooral voor dat de uitgaansavonden niet meer beperkt zijn tot Zeewolde.

Op een avond kijken zijn vrienden raar op als Michael weer eens met een apart idee komt. 'Kom, we gaan naar het Zandpad in Utrecht. Lekker hoeren neuken.' Michaels vrienden willen dat wel meemaken en stappen in. Midden in de nacht scheuren ze opeens met hoge snelheid over de snelweg naar Utrecht. Eenmaal in de Domstad sluiten ze aan in een file van langzaam rijdende auto's die langs de hoerenbootjes beweegt. Ze kijken hun ogen uit. Michael toont zich niet al te kieskeurig. Hij parkeert de auto en loopt bij de eerste de beste rondborstige dame die op de ruit van haar boot tikt naar binnen. Michaels vrienden gieren het uit van het lachen. Had hij dan niet op z'n minst een knappere dame kunnen kiezen? Als hij terugkomt zegt hij dat de anderen ook wel even mogen. Michael betaalt. Dat laten Michaels vrienden zich geen tweede keer zeggen, al tonen ze zich kieskeuriger als ze de tientallen prostituees voorbijlopen. Na afloop rijden ze lachend terug naar Zeewolde. Dit soort avonden kun je alleen beleven met Michael.

Onder aanmoediging van twee van zijn vrienden verandert Michael van opvatting over drugsgebruik. Aart en Danny, beiden vier jaar ouder dan Michael en beiden vrachtwagenchauffeur, hebben een sterke invloed op hem. Een leven als chauffeur zou Michael ook wel zien zitten, ware het niet dat zijn oog een dergelijke carrière in de weg zit.

Aart en Danny gebruiken regelmatig cocaïne en halen Michael over met hen mee te doen. Zijn eerste snuif geeft hem een euforisch gevoel dat hij nog niet eerder mee heeft gemaakt. De adrenalinerush die door zijn lichaam schiet heeft een verslavende uitwerking op Michael. In een mum van tijd staat de contactenlijst van zijn mobiele telefoon vol met nummers van drugsdealers uit de buurt. Door de royale maandelijkse bijdrage die hij van zijn ouders krijgt, heeft Michael ook geen enkel probleem om zijn cocaïneverslaving te bekostigen.

Zijn oude vriendengroep moet weinig hebben van het cocaïnegebruik van Michael, Aart en Danny. De groep valt uit elkaar en Michael trekt dan eigenlijk alleen nog op met Aart en Danny. Zijn andere vrienden ziet hij nauwelijks meer.

Wel nemen Annelies en hij samen een nieuwe stap. Op 3 maart 2010 lopen ze, dan allebei negentien jaar oud, het notariskantoor van Reinier Schaap aan de Kerkstraat in Zeewolde binnen om het koopcontract voor een nieuwe woning te ondertekenen. Na een paar jaar in het appartement boven de kroeg willen Michael en zijn vriendin een eigen huis, met meer ruimte. De keus valt op een rijtjeswoning in de wijk De Akkers. Het is een simpele eengezinswoning met een klein bestraat voortuintje en een houten schuur in de tuin. Michael en Annelies zetten glimlachend hun handtekening onder het koopcontract en betalen 185.000 euro voor de woning. Na het nodige kluswerk trekken ze snel daarna hun nieuwe huis in. Wat ze dan allebei nog niet weten is dat ze niet lang zullen genieten van hun woning.

2

NIJKERK

De muziek staat hard en blaast uit de speakers van de blauwe Nissan Navara. Michael zit achter het stuur en scheurt met een grote grijns over de N305, die dwars door Zeewolde snijdt. De maximumsnelheid is hier 80 kilometer per uur, maar Michael kijkt niet naar de snelheidsmeter. Het is laat en er is verder niemand op de weg. Wie doet hem wat? Ook de mobiele flitsteams van de politie, die hier geregeld langs de weg staan, zijn in geen velden of wegen te bekennen. Naast Michael in de pick-uptruck zit zijn vriend Aart. De sfeer is opperbest. De twee vrienden hebben net bij hun vaste dealer een bestelling opgehaald. Met de punt van een sleutel haalt Aart de cocaïne uit de kleine envelop en zet die tegen zijn neus. Hij snuift het witte poeder in een keer op. Daarna geeft hij de sleutel door en volgt Michael zijn voorbeeld. De drug werkt meteen. Gierend van het lachen trapt Michael het gaspedaal nog wat dieper in. Zo scheurt het tweetal de nacht in. Op naar de eerste overval.

Michael woont inmiddels een maand samen met zijn vriendin als hij langzaam maar zeker definitief op het foute pad terechtkomt. Het burgerlijke leven is niet voor hem weggelegd. Vrijwel iedere nacht is hij op pad met zijn twee maten. En steeds vaker zijn ze op zoek naar cocaïne. Avondjes chillen veranderen steeds vaker in rondtoeren in de pick-uptruck van Michael, waarbij ook stevig wordt gedronken door de bijrijders. En de afhankelijkheid van het witte Colombiaanse goedje groeit met de dag. De drug heeft veel invloed op Michael, Aart en Danny.

Aart is op dat moment al een tijdje verkeerd bezig. In de zomer van 2009 steekt hij twee auto's in brand. Eerst gooit hij een molotovcocktail in een Renault. Een dag later besprenkelt hij een prijzige BMW uit de X-klasse met benzine en gooit er daarna een brandende prop bij. Beide auto's branden volledig uit. Hij stak de auto's in brand om namens zijn broer wraak te nemen op diens toenmalige vriendin en haar moeder, zal hij twee jaar later in de rechtbank verklaren. Met zijn ex was hij volledig gebrouilleerd. Danny is minder agressief. Hij houdt zich niet bezig met de overvallen die Michael en Aart plegen.

Het is 9 april 2010. Aart en Michael zijn met de Navara naar Nijkerk gereden. Ze hebben al flink wat gesnoven als ze iemand in een rustige straat zien lopen. Het slachtoffer is alleen. In de auto liggen een dolkmes en een gummiknuppel. De wapens zijn eigendom van Michael.

'Stop! Ik ga die jongen beroven,' zegt Aart tegen Michael. Aart stapt uit en prikt de man met het mes in zijn rug. Michael dooft de lichten van zijn auto om niet al te veel op te vallen.

'Geef alles wat je hebt, zo snel mogelijk!' schreeuwt Aart beslist. De beroving levert ze een telefoon en 80 euro contanten op. Het gaat zó makkelijk, dat ze het later die avond nog een keer doen. Ze laten een andere inwoner van Nijkerk hun mes zien. Aart is weer degene die de feitelijke beroving uitvoert. Hij roept: 'Geef alles wat je hebt, geld, telefoon, alles!' De opbrengst is deze keer slechts een mobiele telefoon.

Vier dagen later gaan de twee weer op pad. En weer is het raak. Ditmaal gaat het er gewelddadiger aan toe. Hoewel de Colt Special Combat die Michael een aantal maanden geleden voor ongeveer 150 euro kocht geen echt vuurwapen is, lijkt het daar sprekend op. Het wapen is een BB gun en bedoeld om kleine plastic kogels mee af te vuren. De wapens worden voornamelijk gebruikt bij Airsoft, een sport die vergelijkbaar is met paintball. Dit soort wapens is vrijwel overal in Europa legaal te verkrijgen, maar het dragen van het wapen in de openbare ruimte is verboden. Het wapen dat Michael heeft gekocht is een precieze replica van een Colt Combat Commandor: een écht vuurwapen. Michaels wapen is nauwelijks van echt te onderscheiden en daar gaat hij ook prat op.

Het tweetal rijdt opnieuw door nachtelijk Nijkerk als ze een mogelijk slachtoffer zien. Een fietser rijdt hun tegemoet en Michael stuurt naar de tegenligger toe, terwijl Aart het dashboardkastje van de auto opent waarin het nepwapen verborgen ligt. Hij stapt uit en richt het wapen op de totaal verbouwereerde fietser. 'Geef alles wat je hebt, mobiel, sleutels en portemonnee!' roept Aart. Michael wacht op dat moment in de auto. De fietser geeft uiteindelijk zijn telefoon, ID-kaart en fietssleutel af. Pas dan laten Michael en Aart de man gaan. Getuigen van de gewelddadige overval zijn er niet.

Michael en Aart hebben de smaak te pakken. In korte tijd zoeken ze meer grenzen op. Gestuwd door de cocaïne en adrenalinezucht blijven ze op zoek naar slachtoffers om te overvallen en beroven. Amper twee weken later slaan de twee opnieuw toe in Nijkerk. Michael zit zoals altijd achter het stuur van zijn Nissan als Aart zegt dat hij iemand wil beroven. De twee hebben net nog een lijn cocaïne gesnoven en zien het helemaal zitten. Michael parkeert zijn auto en Aart pakt het imitatiepistool van Michael uit het dashboardkastje.

'Tot zo,' grijnst hij. Hij loopt dan recht op zijn doel af en richt het wapen op een voorbijlopende man. 'Stop, sta stil!' schreeuwt hij. 'Geef me alles wat je hebt.' Twintig euro rijker stapt Aart weer bij Michael in en samen rijden ze weg.

En dan wordt het Koninginnedag 2010.

Goedgeluimd gaat Michael samen met Aart en Danny naar een Oranjefeest in Nijkerk. De stemming zit er als altijd goed in onder invloed van drank en drugs. Als het feest rond middernacht op z'n einde loopt, willen de drie naar huis. Ze wandelen naar de auto van Michael, maar die heeft plots andere plannen. Hij heeft twee jonge meisjes zien zitten op een bankje. Aart en Danny blijven bij de auto. Uit het dashboardkastje haalt Michael zijn imitatiewapen tevoorschijn. Michael kijkt om zich heen, ziet geen mogelijke getuigen en stapt op de meisjes af.

Ze zijn zestien en zeventien jaar oud en hebben een leuke dag gehad bij een Oranjefeest in een manege aan de Luxoolseweg, aan de rand van Nijkerk. Na een middag en avond met een paar witte wijntjes kletsen ze wat na en roken een sigaret. Tot Michael opeens dreigend voor ze staat. Hij richt zijn wapen op de twee. 'Meekomen,' zegt hij ijzig kalm. De twee meiden zijn doodsbang en kunnen niet anders dan meekomen. Michael leidt ze de bosjes in. 'Trek je broek naar beneden. Kleed jullie maar helemaal uit. Nu wil ik dat jullie mij allebei gaan pijpen.' Het wapen blijft dreigend in de richting van de doodsbange tieners priemen.

De twee meiden maken geen schijn van kans tegen

hun veel sterkere belager. Zelfs niet als enkele voorbijgangers de struiken passeren waar Michael de twee vervolgens verkracht. Hij pakt opnieuw zijn wapen en richt het op zijn slachtoffers. 'Bek houden,' beveelt hij en hij dwingt de meiden zich weer aan te kleden. De twee zijn zo bang dat om hulp roepen niet eens bij hen opkomt.

Als de voorbijgangers weg zijn, dwingt Michael ze een stukje te lopen. Ze komen uit bij een slootje vlak bij een voetbalveld. Daar gaat hij verder.

Hij verkracht beide meisjes vaginaal en anaal en hij dwingt ze met elkaar te zoenen. Hij gebruikt geen condoom. Nadat hij klaar is, trekt Michael zijn broek aan en steekt het wapen in de binnenzak van zijn bomberjack. Voor hij vertrekt bedreigt hij de meisjes nog een laatste keer: 'Beter houden jullie hier je mondjes over dicht, want ik heb jullie ID-kaart.' Dan vertrekt hij. De meisjes worden door hem hulpeloos achtergelaten.

Niet veel later bellen de meisjes in paniek naar alarmnummer 112. De politie komt snel ter plaatse. Forensisch rechercheurs schermen het bosje af en starten met een sporenonderzoek. Het is een plaats delict geworden. Nog diezelfde avond sms'en Nijkerkse jongeren elkaar om goed uit te kijken. Er is een verkrachter actief in het dorp.

Michael is dan al terug naar zijn auto gelopen. Daar zijn Aart en Danny blijven wachten. Ze gaan weer op pad. Eerst zetten ze Danny af, en daarna rijden Michael en Aart naar het even verderop gelegen Voorthuizen.

Michael trapt het gaspedaal hard in en scheurt over de provinciale weg naar het dorp. Aart wil weer een overval plegen, zegt hij. In Voorthuizen vinden ze een slachtoffer. Aart pakt het nepwapen van Michael en onder dreiging hiervan dwingt Aart een man om zijn portemonnee af te geven. 'Geef me je geld,' beveelt hij. De opbrengst: een ov-jaarkaart en een pinpas. Michael staat tijdens de beroving voor de auto om de kentekenplaat af te schermen. Met de pinpas pinnen ze diezelfde avond nog een bedrag van 310 euro. Daarmee halen ze die nacht bij een van Michaels dealers cocaïne.

In de dagen die volgen breekt in Nijkerk grote maatschappelijke onrust uit. Na een aantal straatovervallen zijn er nu twee jonge meisjes het slachtoffer geworden van een verkrachting. Hebben die zaken met elkaar te maken, vraagt de kleine gemeenschap zich af. In de regionale kranten *De Stentor* en de *Amersfoortse Courant* zijn dan al alarmerende artikelen verschenen. NIJKERKER OUDERS HOUDEN MEISJES UIT VOORZORG THUIS kopt *De Stentor*. 'Zulke erge dingen hebben we in Nijkerk nog niet meegemaakt. Mijn eigen dochter is allang van school en al wat ouder, maar van mij mag ze niet meer alleen met de hond wandelen. Aan mijn dochter komen ze niet,' laat een bezorgde moeder optekenen in de krant.

De politie is intussen een groot onderzoek gestart onder de naam Sparta. Die naam lijkt te zijn gekozen omdat de verkrachting plaatsvond aan de rand van het sportcomplex van voetbalclub Sparta Nijkerk. De politie heeft een groep van 25 rechercheurs op de zaak gezet. Al snel brengt het politieteam naar buiten dat het dringend op zoek is naar getuigen die mogelijk belangrijke informatie hebben of het een en ander gezien hebben. 'Het is heel goed mogelijk dat bezoekers van het feest die nacht iets verdachts hebben gezien of gehoord. De slachtoffers van de verkrachting verklaarden tussen kwart over twaalf en halfeen stemmen gehoord te hebben van mogelijke voorbijgangers die over de Nachtegaalstraat liepen. De politie wil graag in contact komen met deze mensen en andere getuigen,' laat een politiewoordvoerder weten.

Een paar dagen later al besteedt ook het tv-programma *Opsporing Verzocht* aandacht aan de reeks misdrijven. Wekelijks kijken ruim 1 miljoen mensen naar dit programma, waarin de politie en justitie de hulp inroepen van het publiek om belangrijke zaken op te lossen. In de uitzending deelt de politie het signalement van de verdachte. 'Het zou gaan om een blanke man in de leeftijd van drieëntwintig tot vijfentwintig jaar met kort, blond stekelig haar van ongeveer vier centimeter lang. De man was ongeveer één meter vijfenzeventig lang en droeg die nacht een kort, donker jack. Mogelijk een soort bomberjack. Wat verder opviel is dat de man mogelijk een afwijking had in de stand van een van zijn ogen.'

Het grote politieonderzoek en de nationale aandacht die *Opsporing Verzocht* oplevert, zorgt bij Michael nauwelijks voor zorgen. Hij heeft de twee meiden duidelijk gemaakt dat 'ze hun bek moeten houden'. Voor de zekerheid had hij ook het wapen nog een keer laten zien. Spijt van wat er is gebeurd heeft hij niet. Sterker nog, tegen Danny en Aart zegt hij dat 'een droom is uitgekomen'. Michael schept er ook regelmatig over op tegen zijn beste vrienden. 'Die wijven hadden geen schijn van kans.' Hij voelt zich oppermachtig.

Danny lijkt niet veel te geloven van de woorden van Michael. Die heeft wel vaker grote praatjes, waarom zou dit waar zijn? Dit is toch niet echt gebeurd? Aart weet wel beter, maar houdt zijn mond.

Ruim een maand na de verkrachting rijden Michael en Aart door Harderwijk. Opnieuw wordt het nepwapen ingezet, maar het slachtoffer weigert spullen af te geven. Gedesillusioneerd druipen Michael en Aart af.

Ondanks alle inzet van de politie wil het onderzoek niet vlotten. Om een doorbraak te forceren stuurt de politie op bevel van de officier van justitie halverwege mei een sms-bom aan alle telefoonbezitters die op basis van telecomgegevens in de nacht van 30 april op 1 mei in de buurt zijn geweest van het misdrijf. 'Rond die tijd zijn vijftienhonderd mensen in de buurt van het misdrijf geweest. Misschien zijn er mensen bij die iets hebben gezien of gehoord waar we wat mee kunnen,' zegt een politiewoordvoerder tegen de *Amersfoortse Courant.*

Bijna een maand na Koninginnedag schrikt Nijkerk opnieuw op. DRIE NIEUWE MELDINGEN VERKRACHTING NIJKERK meldt *De Stentor* in een bericht op de voorpagina. Niet lang erna blijkt er niets van waar te zijn, maar Nijkerk is opnieuw in rep en roer.

Eind juni raakt het onderzoek van de politie opeens in een stroomversnelling. De politie heeft besloten de reeks aan straatovervallen in Nijkerk in het onderzoek te betrekken. Het onderzoek naar de verkrachtingen zit vast. Wellicht hebben de overvallen wel een verband, denkt de recherche. Al snel komt Danny in beeld bij het rechercheteam. Hij blijkt de mobiele telefoon in bezit te hebben die Michael en Aart op 13 april hebben buitgemaakt. Op 28 juli 2010 besluit de politie Danny aan te houden. Twee dagen later wordt ook Aart aangehouden.

De officier van justitie die verantwoordelijk is voor het onderzoek besluit dat beide verdachten 'in beperking moeten blijven'. Dat betekent dat zij alleen contact mogen hebben met hun advocaat. Contact met de buitenwereld is verboden en als de verdachten mogen luchten, moeten ze dat in afzondering doen. Op die manier wil de officier van justitie dat de verdachten niet worden beïnvloed of elkaar kunnen beïnvloeden. Die beperkingen zijn voor de verdachten loodzwaar.

In een van de eerste verhoren met Danny wordt hem door de rechercheurs de vraag voorgelegd hoe die gestolen telefoon in zijn bezit is gekomen. Is hij soms verantwoordelijk voor die berovingen? Wat kan hij erover vertellen? Danny bezweert dat hij er niets mee te maken heeft, maar zegt dat hij wel het een en ander weet. Hij wil niet meteen namen noemen, want Danny wil geen verrader zijn, maar als hem een dag later duidelijk wordt gemaakt dat hij in de problemen zit en toch echt over de brug zal moeten komen met informatie, geeft hij te kennen toch iets te willen vertellen. Hij wil de politie uiteindelijk wel helpen. En zo wordt op aanwijzing van Danny ook Aart aangehouden. Ook hij krijgt de vraag voorgelegd wat hij kan vertellen over de vele overvallen. Geconfronteerd met de verklaringen die slachtoffers hebben afgelegd, vertelt Aart over zijn aandeel in de reeks overvallen.

Maar wie is er verantwoordelijk voor de verkrachting? Dat is de belangrijkste vraag die het onderzoeksteam heeft voor de twee verdachten. Danny zegt dat hij het niet is geweest. Als de rechercheurs gruwelijke details van de verkrachtingen beginnen voor te lezen, breekt Danny. Plots herinnert hij zich het opschepperige gepraat van Michael: 'Mijn droom is uitgekomen.' Danny realiseert zich dat het niet de gebruikelijke grootspraak is geweest, maar dat Michael daadwerkelijk twee jonge vrouwen heeft verkracht. Niet veel later vertelt Danny de rechercheurs dat hij het vermoeden heeft dat Michael verantwoordelijk is. Hij vertelt ze wat hij weet. En hij zegt te hopen dat hij snel naar huis mag. Een dag later wordt hij voorgeleid bij de rechter-commissaris. Die beslist dat Danny naar huis mag, maar dat hij wel verdachte blijft in het onderzoek naar de straatovervallen. Aart moet langer blijven zitten, meent de rechter-commissaris. Hij wordt inmiddels verdacht van de reeks aan straatroven die hij inmiddels ook heeft bekend.

Het rechercheteam zoekt in de dagen die volgen naar meer bewijs dat Michael linkt aan de verkrachtingszaak. Ze vergelijken het signalement met recente foto's van Michael. De afwijking aan de ogen valt meteen op. De rechercheurs kijken ook naar bewijs dat eventueel ontlastend is voor Michael. Ze pluizen zijn telecomgegevens na. Daaruit blijkt niet dat hij níét in de buurt was ten tijde van de verkrachtingen. Integendeel. Zijn telefoon blijkt die bewuste nacht juist te zijn aangestraald door een zendmast in de buurt van de plaats delict. In een vergadering van het onderzoeksteam worden de onderzoeksresultaten besproken en gewogen. Daarin valt de beslissing Michael aan te houden.

Op de vijfde juli van 2010 is Michael op het Strand Zeewolde, niet ver van zijn huis. Hij komt iemand tegen die tot voor kort een van zijn beste vrienden was. Sinds Michael aan de cocaïne is en veel met Aart en Danny omgaat, is de vriendschap bekoeld. De jongens staan een tijdje bij te kletsen als Michaels oog valt op een aantal pijlsnelle donkerblauwe auto's die door het dorp scheuren. 'Dat lijkt wel een arrestatieteam,' zegt Michael.

Hij springt op zijn scooter en rijdt de kleine colonne achterna. Als hij de stoet auto's bijna heeft achterhaald beseft hij dat het arrestatieteam op weg is naar zíjn huis. Shit, denkt Michael. Hij maakt rechtsomkeert. Diezelfde nacht valt de politie de woning nogmaals binnen en wordt Michael geboeid afgevoerd en naar het politiebureau gebracht.

Het nieuws dat Michael is aangehouden op verdenking van de twee verkrachtingen slaat in Zeewolde in als een bom. De regionale pers duikt op het nieuws dat de politie een verdachte heeft aangehouden en wil alles weten over de verdachte.

Bij verschillende mensen in Zeewolde worden anonieme brieven bezorgd met het verzoek geen informatie over Michael te verspreiden aan de pers. De brieven zijn niet ondertekend, maar in het dorp wordt algemeen aangenomen dat de familie van Michael erachter zit.

De familie van Michael wordt vanaf dat moment anders bekeken. Ook Annelies merkt het aan hoe ze wordt nagekeken in het dorp. Ze is als vanzelfsprekend van de kaart van het nieuws. Ze wist dat Michael misschien een beetje gek was, maar dat hij hiertoe in staat was? Dat had ze nooit kunnen bedenken. Vier maanden geleden tekende ze samen met Michael een koopcontract. Wat nu?

Al in zijn eerste verhoor bij de politie bekent Michael dat hij verantwoordelijk is voor de verkrachtingen in Nijkerk. Althans, hij geeft toe dat hij een van de meisjes heeft verkracht, maar betwist dat hij het andere meisje ook is binnengedrongen. Hij wordt bijgestaan door advocaat Manfred Nan, een voormalig profvoetballer die na zijn sportcarrière de advocatuur in is gegaan. Nan stond in het verleden Patrick Kluivert bij toen de voormalig voetballer in 1995 betrokken was bij een dodelijk ongeluk. Recent was hij ook de advocaat van Theo Janssen, een flamboyante ex-voetballer die werd aangehouden nadat hij onder invloed van alcohol een ernstig verkeersongeval had veroorzaakt.

Ruim drie maanden na zijn arrestatie moet Michael voor het eerst in de rechtbank verschijnen. Op 12 oktober 2010 is het zover. De rechtszaak wordt gevoerd in Arnhem. Michael verblijft op dat moment in het plaatselijke huis van bewaring.

De eerste zitting in de strafzaak tegen Michael en Aart is snel voorbij. Rechtbankvoorzitter Bordes van de rechtbank vertelt alle aanwezigen in de zaal, en de verdachten in het bijzonder, dat het nog niet gaat om een inhoudelijke behandeling van de zaak. Officier van justitie H. Timmer meldt dat Michael weigert mee te werken aan een persoonlijkheidsonderzoek. Timmer acht dat van belang omdat hij wil weten hoe het kan dat hij in een razend tempo zeer gewelddadig gedrag is gaan vertonen.

Michael: 'Ik zal daar niet aan meewerken. Ik heb enorm veel spijt van mijn daden.'

Voorzitter Bordes vraagt: 'Wilt u dan geen inzicht krijgen waarom het zover heeft kunnen komen? [...] Ik kan mij indenken wat uw eventuele angst, tbs, is. Maar wanneer een persoonlijkheidsonderzoek wordt verricht is dat, het opleggen van tbs, geen gegeven. Bent u niet nieuwsgierig? Niet iedereen die cocaïne gebruikt doet zoiets?'

Michael: 'Neen.'

De rechtbank is het met officier van justitie Timmer eens dat het belangrijk is om te onderzoeken hoe Michael tot dit gedrag is gekomen. Omdat hij weigert in gesprek te gaan met een psycholoog en een psychiater besluiten de drie rechters dat Michael ter observatie moet worden opgenomen in het Pieter Baan Centrum in Utrecht. Michael houdt vol en kondigt aan niet mee te zullen werken aan het onderzoek.

In de maanden die volgen blijkt inderdaad dat Michael (maar ook Aart, die ook naar Utrecht wordt gestuurd voor onderzoek) iedere medewerking weigert. De psychologen en psychiaters kunnen zo geen beeld schetsen van de verdachte en dus ook geen rapport opstellen. Ook de gesprekken met familieleden en vrienden leveren niet voldoende aanknopingspunten op om een beeld te krijgen van Michaels psychische gesteldheid. Zonder rapport kunnen rechters ook geen tbs-maatregel opleggen, zo is de heersende juridische mores in deze tijd.

Op 7 juni 2011, ruim een jaar na de verkrachtingen in Nijkerk, moet Michael zich inhoudelijk bij de rechters verantwoorden. Sinds zijn aanhouding heeft Michael in voorarrest gezeten. 'De verkrachting was stoerdoenerij onder invloed van alcohol en drugs. Ik had vierenhalf gram cocaïne gebruikt,' zegt hij. Ook geeft hij toe: 'Ik heb vooraf wel vaker gezegd dat ik weleens iemand zou willen verkrachten. [...] Ik dacht er niet over na wat ik anderen aandeed.'

Advocaat Nan betoogt dat zijn cliënt een 'beneden gemiddelde intelligentie' heeft en 'puberaal gedrag' vertoont, iets wat hij linkt aan het cocaïnegebruik. Michael bezweert te zullen stoppen met drugs. 'Ik wil graag geholpen worden met het stoppen met drugs. Ik wil mijn straf uitzitten en daarna een toekomst met mijn vriendin opbouwen. Buiten ligt een goede toekomst voor mij klaar.' Michael ontkent ten stelligste dat met de verkrachtingen een droom is uitgekomen. Hij zegt dat hij zulke uitspraken nooit heeft gedaan.

Dan is het de beurt aan het OM. In zijn requisitoir betoogt officier van justitie Timmer dat het opleggen van tbs helaas niet kan. 'Hij had volgens zijn eigen verklaring al een poos geen seks gehad met zijn vriendin en had daarom die nacht zin in seks. De handelingen zoals gepleegd door verdachte doen vermoeden dat er met hem iets goed mis is. Iemand die zoiets doet, moet wel gestoord zijn. Alleen omdat hij heeft geweigerd mee te werken aan het onderzoek in het Pieter Baan Centrum, is een eis waarvan tbs een onderdeel is, niet mogelijk. De feiten zouden dat zeker rechtvaardigen. Nu rest niets anders dan de samenleving zo maximaal mogelijk te beveiligen tegen deze verdachte.'

Tot ongeloof van Michael eist de officier een zeer forse

straf: vijftien jaar celstraf. Advocaat Nan legt in zijn pleitnota de nadruk op het nagenoeg blanco strafblad dat Michael heeft. Het feit dat Michael nog erg jong is en in een korte tijdsperiode de fout in is gegaan zou volgens Nan strafverlagend moeten werken. Ook het feit dat zijn cliënt vanaf zijn eerste verhoor heeft meegewerkt met het politieonderzoek zou invloed moeten hebben op de strafmaat. Nan pleit voor een veel lagere celstraf van vijf jaar.

Ook Aart hoort een forse celstraf tegen zich eisen vanwege de straatroven en de autobranden: tien jaar celstraf.

Twee weken later komt de rechtbank met haar vonnis. En dat is keihard. 'De verdachte heeft bij de verkrachtingen door zijn bruut en mensonterend handelen een grove inbreuk gemaakt op de lichamelijke integriteit, de persoonlijke levenssfeer en de persoonlijke bewegingsvrijheid van beide slachtoffers, die in de fase van ontluikende seksualiteit zaten.' Enkele momenten later hoort Michael dat de rechtbank nog harder oordeelt dan de officier van justitie. De rechtbank legt hem zestien jaar celstraf op: de maximale straf. De rechtbank acht wettig en overtuigend bewezen dat de verdachte beide meisjes heeft verkracht.

Michael kondigt direct aan in hoger beroep te gaan.

Een week na het vonnis van de rechtbank rijden de ouders van Michael over de A2 naar Maastricht. Ze zijn op weg naar een afspraak met advocaat David Moszkowicz. Hij, de oudste zoon uit de roemruchte advocatenfamilie, heeft wel interesse in het hoger beroep. Na bestudering van het dossier ziet hij ook kansen om een lagere straf voor elkaar te boksen. De straf is veel te hoog, meent de bekende strafpleiter. De maximumstraf voor een jongen als Michael, die voor het eerst in de fout gaat? Daar wil hij wel wat in betekenen. Moszkowicz besluit de verdediging van Michael op zich te nemen en bezoekt hem in de gevangenis in Roermond. Samen nemen ze de tactiek door die Moszkowicz in gedachten heeft. Michael blijft ontkennen dat hij het tweede meisje heeft verkracht, en Moszkowicz wil haar daarom opnieuw laten verhoren. De Maastrichtse strafpleiter wil bovendien een nieuw rapport van de reclassering over Michael. 'Zijn oorspronkelijke verklaringen tegenover de reclassering geven een vertekend beeld omdat verdachte indertijd verslaafd was aan drugs,' tekent *De Stentor* op uit de mond van Moszkowicz. Een nieuw rapport kan wellicht nieuw licht werpen op zijn intenties. Het Hof in Arnhem, waar het hoger beroep plaatsvindt, willigt het verzoek in.

Een paar weken voordat Michaels hoger beroep daadwerkelijk start, beëindigt Annelies haar relatie met Michael definitief. In Zeewolde wordt de vraag waarom zij Michael nog niet heeft verlaten dan al niet meer gefluisterd, maar hardop gesteld. In werkelijkheid wil Annelies al langer stoppen, maar Michaels familie doet een klemmend beroep op haar Michael niet in de steek te laten.

Maar Annelies wil niet meer. Kan niet meer. Ze verbreekt de relatie en ze verkopen het huis aan een stel uit Amersfoort voor een bedrag van 163.000 euro.

Het gevraagde reclasseringsrapport is niet positief voor Michael. De reclassering gaat uit van hoog tot gemiddeld recidiverisico. Volgens Moszkowicz is dat ten onrechte, zo bepleit hij tijdens de inhoudelijke zitting van het hoger beroep op 25 september 2012. 'Cliënt bevindt zich grofweg tweeënhalf jaar in voorarrest. Hij heeft en wil geen contact met vroegere vrienden en heeft grofweg bijna dertig maanden geen verboden middelen gebruikt. Hij heeft aangegeven nooit in zijn leven nog drugs te willen aanraken.'

De advocaat doet er zelfs nog een schepje bovenop. 'Er blijkt uit geen enkele omstandigheid dat cliënt na zijn detentie nog eens met politie of justitie in aanraking zal komen.'

Michaels advocaat legt de oorzaak van de strafbare feiten vooral neer bij de afhankelijkheid van drugs en de slechte invloed die Aart en Danny op Michael gehad zouden hebben. 'Gelet op het nagenoeg blanco strafrechtelijk verleden van cliënt, kan het bijna niet anders dan dat er een externe oorzaak aan ten grondslag moet liggen. Cliënt meent ook dat dat het geval is; namelijk het gebruik van cocaïne en alcohol en het onderhouden van contacten met verkeerde vrienden. Deze negatieve invloeden heeft cliënt afgezworen.'

Moszkowicz bepleit daarnaast dat de straf van zestien

jaar buitenproportioneel is. Volgens hem wordt in vergelijkbare zedenzaken niet of nauwelijks de maximale straf opgelegd. Niet geheel zonder reden, aldus Moszkowicz. 'De maximale straf moet bewaard blijven voor de meest extreme, de meest vergaande en de meest zware gevallen.' En daar is volgens Moszkowicz in dit geval geen sprake van. Hij heeft voorafgaande aan de zitting ook contact gehad met de advocaat-generaal (de officier van justitie in hoger beroep) en die heeft te kennen gegeven de door de rechtbank opgelegde straf aan de hoge kant te vinden. Uiteindelijk zal de advocaat-generaal tien jaar celstraf eisen. Dat is aanmerkelijk lager dan de zestien jaar die het OM in eerste instantie heeft geëist.

De advocaat-generaal neemt het woord tbs ook niet in de mond. Officier H. Timmer had in het eerste proces tbs willen eisen omdat Michael in zijn ogen 'gestoord' is, maar deed dat niet vanwege het ontbreken van onderliggende rapporten. In het hoger beroep is een eventueel nieuw onderzoek in het Pieter Baan Centrum geen enkel moment aan de orde. Er wordt ook niet om gevraagd. En omdat er ook geen (nieuwe) rapportages beschikbaar zijn die iets zouden kunnen zeggen over de geestesgesteldheid van Michael wordt er over het opleggen van tbs niet gesproken.

Uiteindelijk komt het gerechtshof onder voorzitterschap van rechter mr. Rinus Otte tot een celstraf van elf jaar, een jaar hoger dan de eis van de advocaat-generaal, maar vijf jaar minder dan aanvankelijk opgelegd. 'Verdachte heeft de gevoelens van de aangeefsters volstrekt genegeerd en door bedreiging met geweld ondergeschikt gemaakt aan de bevrediging van zijn eigen lustgevoelens.' Maar volgens het gerechtshof is de straf die de rechtbank in eerste instantie heeft opgelegd te hoog. '[...] de opgelegde straf staat niet in verhouding tot de aard en ernst van deze feiten.'

Michael wordt deels vrijgesproken voor het medeplegen van de overvallen, omdat de rechters oordelen dat hij slechts faciliterend is geweest. De rechtbank stelt daarentegen klip en klaar vast dat Michael beide meisjes heeft verkracht. Het verweer van Moszkowicz wordt naar de prullenbak verwezen. Na de uitspraak van het gerechtshof wordt Michael door de parketpolitie weggebracht.

In maart 2013 gaat Moszkowicz zelfs nog in cassatie bij de Hoge Raad in een laatste poging zijn cliënt te helpen. Maar de Hoge Raad, het hoogste rechtsorgaan in het strafrecht, wijst het cassatieverzoek af. De gevangenisstraf van elf jaar blijft definitief staan.

3

ANNE

Wim Faber en Elze van Heeswijk kennen elkaar van de Kunstacademie, raken verliefd en krijgen 15 december 1991 hun eerste kind: een meisje. Ze noemen haar Anne en ze krijgt de achternaam van haar vader.

Een jaar na de geboorte van Anne verhuist het jonge gezin naar Elst, een dorp onder de rook van Arnhem. Anne groeit op als een vrolijk kind, dat boven alles heel sociaal is, vertelt moeder Elze in het tv-programma *EenVandaag*. Een speciaal kind. 'Ze was nog geen vier jaar en ze kende de kassameisjes van de supermarkt in het dorp al bij naam. Toen ze een broertje kreeg, heeft zij de kassameisjes op kraamvisite uitgenodigd. Als ze iets wilde kreeg ze het voor elkaar, want die meisjes zijn ook echt gekomen.' Anne is trots op haar kleine broertje Rogier en de twee bouwen een hechte band op.

Anne gaat in Elst naar de openbare basisschool De Esdoorn. Anne valt op. Ze is slim, creatief, doet het goed in de klas en is geliefd door haar leergierigheid en nieuwsgierigheid. In de klas heeft ze veel vriendinnen, met wie ze veel afspreekt en speelt. De leraren op De Esdoorn zijn onder de indruk van Anne. Na haar acht jaar van dichtbij te hebben meegemaakt twijfelen ze dan ook niet over het advies voor een middelbare school. Ze is geknipt voor het gymnasium. Anne is trots en kiest voor het Stedelijk Gymnasium in Nijmegen.

In haar vrije tijd gaat Anne zwemmen, of naar ballet. Of ze tekent. De creativiteit heeft ze van haar vader, denkt ze.

Ook op de middelbare school gaat het Anne voor de wind. Ze bouwt snel een leuke groep vriendinnen op die altijd samen in een vast hoekje van de aula gaan zitten. Ze noemen zichzelf het aula-groepje. Ook het leren van nieuwe vakken op het gymnasium gaat haar goed af. Anne gaat graag naar school en is trots op de hoge cijfers die ze haalt, al moet ze er bij wiskunde en economie hard voor werken.

Ze kan ook haar creatieve kant kwijt op school. Hier ligt haar hart en heeft ze plezier. 'Als ik op school nog zonder inspiratie naar een leeg vel papier zat te kijken, dan had zij al een heel kunstwerk op poten gezet,' zegt een schoolvriendin van Anne in *De Telegraaf*. 'Met de dood van Anne is ook een stuk van mijn eigen verleden weg.' Een andere vriendin: 'Ze was ook heel creatief in haar denken en doen, viel daarin echt op. Ze kon goed tekenen, zat altijd op kladbokjes te tekenen. Zij keek bij mij af met wiskunde, maar met tekenen keek ik naar haar.'

Als het even kan pakt Anne een vel papier en pen of potlood en begint te tekenen. En ze begint zich te interesseren voor kunst, zegt vader Wim. 'We gingen vaak naar musea. Ze kreeg het al vanaf jonge leeftijd met de paplepel ingegoten. Een paar maanden voor haar dood wilde ze leren werken met olieverf. Het viel me op hoe snel ze doorhad hoe het werkte: verdunnen, kleuren mengen, welk penseel je gebruikt. Vaak zijn mensen bang om een doek te verknallen. Anne deed het zonder angst.'

Als Anne wat ouder wordt, krijgt ze ook haar eerste baantjes. Ze gaat werken bij een designwinkel in Nijmegen. Volgens vader Wim twijfelen de eigenaren van die winkel. 'Ze zochten eigenlijk een ouder iemand. Iemand die wist wat ze verkocht. Anne reageerde onmiddellijk: "Ik zit nu op een Eames-stoel, aan een tafel van Piet Hein Eek. En die potten daar, die zijn Van Pols-potten." '

'Later gaat ze bij IKEA werken. Maar daar stopt ze al snel omdat ze de uniformen die medewerkers verplicht moeten dragen vervloekt. Het toont de sterke eigen wil die Anne al vroeg heeft.

In de bovenbouw van het gymnasium slaan de gebruikelijke jeugdige twijfels langzaam toe bij Anne. Welke vervolgstudie moet ze gaan doen en kan ze daar haar creativiteit in kwijt? Ze gaat kijken bij de Design Academy in Eindhoven, maar daar wordt ze voor haar idee te weinig uitgedaagd. Na lang twijfelen kiest ze uiteindelijk voor Europese Studies in Amsterdam. Maar dat wordt geen succes, blijkt als ze na een paar maanden de studie weer afbreekt. Ze vindt de studie veel te algemeen en ze leert er te weinig. Na lang twijfelen kiest Anne voor Bedrijfskunde aan de Radboud Universiteit in Nijmegen. Het verbaast haar ouders. Moeder Elze: 'Met dat diploma kan ik in ieder geval mijn brood verdienen, dacht ze. Dat leek me niet de juiste motivatie. Economie was niet haar favoriete vak op de middelbare school. En Anne zag zichzelf niet in een mantelpakje bij een groot bedrijf aan de slag gaan.'

Wim: 'Ik had altijd wel het gevoel dat ze op haar pootjes terecht zou komen. Wat ze ook zou kiezen, ze zou van daaruit ontdekken wat haar pad was.'

Anne gaat in Nijmegen op kamers wonen en komt terecht in een groot studentenhuis, in het centrum van de stad. Ook te midden van een grote groep studenten valt ze op en sluit ze hechte vriendschappen. 'Anne ging eerst proberen haar ultieme aardappelpuree te maken, ondertussen zette ze allemaal plaatjes op, hip-hop, maar ook vette oude sixties en seventies rock, krijsende Neil Young, *Cowgirl in the sand*, *Live at Filmore East*, daar was ze helemaal weg van. En dan schakelden we in een gesprek van heel oppervlakkig naar heel intellectueel, van aardappelpuree naar kunst en dat allemaal op één avond. Het was een vrouw met veel pit in haar donder,' aldus een vriendin.

Anne wordt langzaam een volwassen vrouw, die het ouderlijk juk langzaam van zich afwerpt, vertelt jeugdvriendin Kristy. 'We ontdekten samen onze grenzen. En die van onze ouders. We deden veel dingen samen voor het eerst. De eerste keer feestjes. De eerste keer samen op pad met de auto. Ze had net haar rijbewijs, en we mochten de auto van haar moeder lenen. Daar gingen we. Tent achterin. Zelfs een oventje. Naar camping De Lakens in Bloemendaal. We voelden ons zo stoer.'

Ondanks wat aanvankelijke angsten gaat Anne zelfs in haar eentje op een bescheiden wereldreis naar Maleisië. Moeder Elze: 'Ze vond dat ze moest reizen, en tegelijkertijd vond ze dat doodeng. Van voorpret was geen sprake door alle stress. Tot de laatste dag voor vertrek neigde ze ernaar alles af te blazen. Ze had een hele sterke kant, maar ook een onzekere. Ze wilde van alles, en twijfelde vervolgens of ze het zou aankunnen. Toch deed ze het.'

De studie Bedrijfskunde bevalt Anne en ze komt helemaal tot haar recht als ze op de universiteit bij de Expocommissie terechtkomt, die kunstwerken regelt voor de campus. Ook organiseert de commissie verschillende exposities. Bij de commissie maakt Anne meteen vrienden. 'Ze stond altijd voor ons klaar. Zelfs als ze net haar tentamen had verknald en in de put zat. Soms vroeg ik dan of iemand anders het van haar moest overnemen, maar dat schoof ze altijd terzijde,' zegt Vita de Waal, die samen met Anne in de commissie zat en weet hoeveel de werkzaamheden soms van iemand vergen. 'Het was behoorlijk lastig om commissieleden te bewegen nog iets extra's te doen, maar Anne was vaak de eerste die zich inschreef. En dat zonder morren.'

Jade Kerste, ook commissielid, roemt de enorme betrokkenheid van Anne: 'Ze wist precies wat er speelde in mijn leven en onthield alles.'

Haar artistieke interesses kan ze bij de Expocommissie prima combineren met haar economische belangstelling en studiekeuze, maar ze wil er meer mee en schrijft zich in voor de minor Kunstgeschiedenis. Na het afronden van de studie Bedrijfskunde verhuist ze naar Utrecht en gaat ze in Rotterdam de master Cultural economics & entrepreneurship volgen. Het leven in de Domstad bevalt haar goed. Ze komt terecht in een groot studentenhuis aan de Anna Maria van Schurmanstraat, aan de rand van het centrum. Ze gaat werken in de bediening van het Louis Hartlooper Complex, een kleine bioscoop waar ook veel arthousefilms worden gedraaid. Daarnaast loopt ze stage bij het Mauritshuis in Den Haag. Een stage die ze zelf voor elkaar wist te boksen, weet een vriend. 'En die stageplek kreeg ze ook. Ze kende geen spoor van twijfel. Ze was niet genadeloos ambitieus, maar gedreven.'

Ook in Utrecht maakt Anne snel nieuwe vrienden. 'Anne had een soort mysterie om zich heen, je kon meteen voelen dat het een heel bijzonder meisje was. Natuurlijk, ze was supermooi, grote ogen, heel goedlachs, lange blonde haren die ze door de gangen van Louis Hartlooper liet wapperen. Maar je wist ook dat er wat achter zat, dat er een heel rijke persoon achter verscholen lag,' zegt een van hen. 'Ze had een charme die je verleidde, en kon dan opeens scherp uit de hoek komen als ik bijvoorbeeld niet wist hoe het Israël-conflict in elkaar zat. Dan wist ze me haarfijn uit te leggen hoe de vork in de steel zat. Anne maakte indruk. Ze was iemand bij wie je wilde horen. Ze was intelligent, scherp en grappig. Ik was continu van haar onder de indruk. En ik was niet de enige.'

Het is een drukke tijd voor Anne, die haar volle sociale leven combineert met haar studie, stage en bijbaan in de horeca. Het zorgt voor stress, zag ook vader Wim. 'Anne had een persoonlijkheidsstructuur dat ze alles graag goed wilde doen en dat is lastig, zeker toen ze iets ouder werd. Daar heeft ze zeker mee geworsteld.'

Na haar studie blijft Anne werken bij het Louis Hartloopercomplex, maar ze zoekt ook naar een plek waar ze haar zakelijke instincten en creatieve liefde écht kwijt kan. Haar oog valt dan op de functie van officemanager bij Het Huis, een creatieve broedplaats in Utrecht. Een collega van haar bij het Louis Hartloopercomplex is als theatermaker verbonden aan Het Huis en herinnert zich nog goed dat Anne ging solliciteren. 'Ze sleepte me mee voor een kop koffie en wilde alles weten. Voor het sollicitatiegesprek had ze zich in een mantelpakje met parelketting gehesen. Ze dacht dat dat bij de functie hoorde. Die verkleedpartij, daar moest ik zo ontzettend om lachen.'

Haar kledingstijl was sowieso opvallend, weten haar vriendinnen. 'Ze zag er altijd mooi uit. Apart. Ze volgde niet de mode, maar droeg kleding met een Anne-sausje eroverheen. Die vond ze in vintagewinkels, of ze plukte uit de overvolle rekken in winkels net dat ene bijzondere topje.'

Hoewel Anne er vol voor gaat tijdens haar sollicitatiegesprek en indruk maakt, krijgt ze de baan uiteindelijk niet. Toch is de directeur van de creatieve broedplaats enthousiast. 'Anne kwam hier werken als directiemedewerker, maar haar ambitie lag verder, dat sprak ze ook uit, ze wilde zakelijk leider van een museum worden. Ik denk in ieder geval dat ze grote stappen zou gaan maken in deze sector.' Zo spreekt Anne dat ook uit tegen haar vrienden. Ze wil directeur worden van het Rijksmuseum, of van het Guggenheim in New York.

Vader Wim zou niet verbaasd zijn geweest als Anne het heel ver zou hebben geschopt. Hij was onder de indruk van haar kennis. 'Ze stuurde me eens een foto van een Jan Toorop. "Ik denk dat 'ie echt is." Ik ben als een razende gaan googelen en kwam erachter dat de prent in een grote oplage was verkocht. Ze herkende het mooi wél.' Het tekent haar grote kennis. Ze trekt ook haar vriendinnen die richting in. 'Anne sleepte haar vriendinnen ook eens mee naar een veiling omdat ze vond dat ze iets cultureels moesten doen. Boden ze tot haar ontsteltenis op opgezette beesten en ingelijste plastic zakken. Ze hebben zich enorm vermaakt, dat wel.'

Bij Het Huis is Anne op haar plek, zien haar nieuwe collega's. 'Haar interesse was tot dan toe vooral gericht op beeldende kunst, ze dacht niet meteen aan theater. Bij Het Huis moest ze buiten de gebaande paden treden.' Dat deed ze met verve, zegt een collega. 'Haar ambitie werkte aanstekelijk. Ze zette schaamteloos hoog in en rook haar kansen. Misschien was ze helemaal niet terechtgekomen in de kunstsector, maar was ze bij de VN gaan werken, of bij een bank. Ze was slim, ambitieus, kon goed met mensen omgaan. Ze kon alles.'

Hoewel, alles? Anne is goed in de dingen die ze leuk vindt. Maar bij desinteresse laat ze het versloffen. Moeder Elze weet wat ze leuk vond. 'Daar hoorde schoonmaken niet bij. Ik heb weleens de koelkast bij haar staan schoonbikken.' Dat herinnert ook haar vriendin Kristy zich. 'We waren met vriendinnen bij Elze thuis om Annes kleren te verdelen. Daar zaten ook schoenen bij. Bij eentje ontbrak de hak. Dat was ook typisch Anne. Ze was een enorme rommelkont.'

Anne was op haar plek in Utrecht en zat goed in haar vel, weet vader Wim. Hij ziet dat ze in de bloei van haar leven is. 'Ze was een toekomst aan het opbouwen en zelfs voor het eerst van haar leven aan het sparen.' Ze heeft inmiddels ook een vriend, Nathan. Hij is arts in opleiding bij een ziekenhuis in Nieuwegein en speelt in zijn vrije tijd bij een theatergezelschap. Hij is dol op Anne, en zij op hem. En ze willen nog lang met elkaar verder.

4

VRIJDAG 29 SEPTEMBER 2017

Michael is vroeg wakker vandaag. Buiten is het nog donker. Hij zit voor zevenen al rechtop in zijn bed. Hij heeft slecht geslapen, net als de nacht ervoor. En de nacht daarvoor. Hij zit slecht in zijn vel, sinds hij weet dat hij vader wordt. Hij weet het al een paar weken, maar het echte besef is nog niet doorgedrongen. Michael kan het eigenlijk niet geloven. Hij? Vader?

Een paar dagen geleden, toen hij aan het ziekenhuisbed zat en op het grote scherm keek, werd het nieuws tastbaar voor hem. Zijn huidige vriendin, een medepatiënt van Marokkaanse afkomst, lag op het bed en de verloskundige bewoog met het echoapparaat over de buik. Daar, bij de twintigwekenecho in het ziekenhuis, besefte Michael het pas echt. Zijn vriendin draagt een piepklein kindje in haar buik. Een meisje. De spanning en de stress kan Michael sindsdien amper verdragen – cocaïne en ritalin zorgen voor tijdelijke verlichting van de zorgen.

Het is nog donker als Michael zich in zijn spijkerbroek hijst, de veters van zijn sneakers strikt en de kliniek in Den Dolder stilletjes verlaat. Sinds januari 2017 is Michael in de forensische psychiatrische kliniek, waar hij het laatste gedeelte van zijn opgelegde celstraf uitzit.

Wat Michael precies wilde gaan doen is nooit helemaal duidelijk geworden. Tegen de politie zal hij later zeggen dat hij 'rond kwart over zeven' naar het dorp is gegaan om een cadeau voor zijn jarige moeder te kopen, al zijn de winkels dan nog helemaal niet open. Uiteindelijk weet hij het niet meer precies. Feit is dat hij in de uren die volgen ritalinpillen als snoepjes naar binnen werkt. Tien tot vijftien pillen gaan er naar binnen. Duur zijn ze niet. Hij koopt ze voor dertig cent per stuk van zijn vaste dealer in de kliniek. In tegenstelling tot patiënten die ritalin als medicijn gebruiken, ziet Michael ritalin als een drug.

Later op de dag gaat Michael sporten. En hij geniet, net als bijna iedereen, van het schitterende weer. Hij hangt wat rond in de tuin en voert verder niet veel uit. Rond zessen schuift hij aan bij het avondeten.

September 2017 is over het algemeen koud. De zon verschuilt zich bijna voortdurend achter dikke grijze wolken vol regen. Het lijkt soms onophoudelijk te regenen. Maar aan het einde van de maand is het plots weer even zomer. Een kortstondige Indian summer – drie dagen lang waant Nederland zich even een warm land. Het zijn cadeaudagen. Nog één keer de terrassen op. De laatste keer de blote benen; de teenslippers toch nog uit de kast. Met z'n allen nog één keer genieten van die gulle zonnestralen.

Vrijdag 29 september 2017 begon als een heerlijke nazomerdag. Maar wie die dag met een schuin oog de weersvoorspellingen in de gaten had gehouden, was een gewaarschuwd mens. Onweer en slagregens zouden de zon en de warmte aan het begin van de avond snel naar de achtergrond verdrijven. Wie er nog op uit wil, moet snel zijn. Het KNMI had gewaarschuwd voor gevaarlijk weer – code geel. Michael besluit er na het eten nog even vandoor te gaan. Het is halfzeven als Michael met zijn scooter wegrijdt bij forensisch-psychiatrische kliniek Roosenburg.

Anne is iets voor vijven vanuit Utrecht vertrokken, na een vermoeiende werkdag bij Het Huis. Ze heeft zin in haar fietstochtje op haar opoefiets, zoals ze dat wel vaker doet om haar gedachten op een rij te zetten. Even de stad uit. De paden op, de lanen in. Het is heerlijk fietsen in de richting van Hollandsche Rading en Baarn. Ze fietst ANWB-route 115802, om precies te zijn. Lekker ontspannen. Even naar buiten om de rest van de avond door te brengen met Nathan. Om 18.15 uur appt ze Nathan dat ze in Hollandsche Rading is. Via Baarn en Soestdijk wil ze terug naar Utrecht. Om 18.50 uur maakt Anne Faber een selfie. Ze stuurt de foto aan Nathan. Staand op de kruising van de Amsterdamsestraatweg en de Hilversumsestraatweg in Baarn. Een quasi-nonchalant gezicht, dat uitstraalt: heb ik weer, is het gaan régenen.

Heel Nederland heeft zijn best gedaan nog vóór de hoosbuien thuis te zijn, maar dat gaat Anne niet meer lukken. Ze is totaal verregend en wil zo snel mogelijk naar huis. Weg van het onweer, en op naar droge kleren. Nadat ze de selfie heeft gemaakt, fietst Anne langs Paleis Soestdijk en slaat rechtsaf richting Lage Vuursche. Van daaruit langs Soest richting Den Dolder en dan naar Utrecht.

Om 18.56 uur vangt een camera aan de Vredenhofstraat in Soest de laatste beelden waarop Anne nog te zien is. En om 19.06 uur stuurt ze nog een appje aan haar vader.

Om 19.29 uur gaat haar telefoonsignaal uit het netwerk, ter hoogte van het Berkenlaantje in Soest. Daar kruist haar pad dat van Michael.

Michael is van plan te gaan slopen in 'de oude keuken', een oud gebouwtje op het bosrijke terrein van de kliniek. Alles wat eruit gesloopt kan worden, trekt hij eruit en brengt hij naar de ijzerhandel in Soest. Hele gipsplaten en koperen leidingen trekt hij, soms vergezeld van vrienden, uit het leegstaande gebouw. Het is verboden, maar de leiding van Roosenburg weet van niets. En dus kan Michael ongestoord aan de slag. Vanavond is hij alleen.

Zijn vriendin stuurt hij een bericht dat hij slecht bereikbaar zal zijn omdat zijn telefoon raar doet. De ontvangst is slecht, laat hij haar weten. Bovendien zegt hij haar dat hij naar zijn moeder gaat om haar verjaardag te vieren. Naar eigen zeggen wil hij voor zijn vriendin verborgen houden dat hij sloopwerkzaamheden gaat uitvoeren. Zij wil daar namelijk niets van weten. Michael moet zich eindelijk eens aan de regels gaan houden, nu hij vader gaat worden.

Michael zegt dat zijn telefoon als gevolg van een storing raar deed en dat zijn telefoon daarom niet in het netwerk zat. Dat is volgens het OM niet waar, want uit technisch onderzoek is gebleken dat hij zijn telefoon hoogstwaarschijnlijk zelf uit heeft gezet en dat er van een technische storing geen sprake was. Het OM haalt daarbij ook aan dat zijn telefoon een dag later óók uit het netwerk was: 'Opvallend is, dat – evenals de dag ervoor – de telefoon met uitzondering van een korte onderbreking uit staat in de periode tussen het einde van het avondeten en het moment dat verdachte weer op de Hoeve dient terug te zijn. Dit is precies de periode waarin verdachte bezig is geweest om Anne in Zeewolde te begraven.' Dat duidt er volgens het OM op dat Michael zich bewust is van het feit dat zijn telefoon technische sporen achterlaat.

De tas met sloopgereedschap verbergt hij in de buddyseat van zijn scooter. Daar gooit hij ook zijn telefoon in. Maar omdat hij licht ziet branden in een gebouwtje tegenover de oude keuken en niet betrapt wil worden, besluit hij eerst te gaan tanken bij een onbemand tankstation aan de Biltseweg in Baarn. Maar nog vóór hij naar de Tinq rijdt, dumpt hij de tas met gereedschap in een zijpad (een ruiterpad) van het bospad waar hij rijdt. Michael bestuurt een onverzekerde scooter. Gepakt worden met een tas vol gereedschap zou weleens een heel verkeerd signaal af kunnen geven, is zijn gedachte.

Als hij zijn gereedschapstas heeft verstopt, rijdt hij naar de Tinq. Daar tankt hij zijn scooter vol.

Uit een minutieuze reconstructie van de politie blijkt dat Anne en Michael elkaar in de buurt van het tankstation al gezien moeten (of kunnen) hebben. Michael ontkent dat ten stelligste.

Ondertussen blijft het met bakken uit de hemel komen. Michael wil terug naar de Hoeve om te gaan slopen in de oude keuken. Als hij na het tanken zijn spullen ophaalt in het bos en zijn scooter weer het pad op draait, botst hij tegen Anne op. Door het slechte weer heeft hij Anne niet zien aankomen; het vizier van zijn helm was vies geworden.

'Sorry, sorry, sorry,' zegt Michael tegen haar. Het is dan 19.29 uur.

Het OM zegt grote twijfels te hebben bij Michaels versie van het verhaal. Het OM is ervan overtuigd dat Michael in de buurt van het tankstation in Baarn, bij een kruising, Anne heeft zien fietsen. Politieagenten hebben de routes van Michael en Anne in een reconstructie opnieuw gereden, precies zoals Michael en Anne dat volgens hen ook deden. Daarbij konden de agenten elkaar goed zien op het moment dat hun wegen elkaar kruisten ter hoogte van het tankstation. De agenten hadden honderden meters zicht. Het OM heeft het vermoeden dat Michael bewust is doorgereden om een botsing of ontmoeting met Anne te ensceneren. Hij heeft haar opgewacht, is de gedachte. Maar hard bewijs daarvoor heeft het OM niet. Michaels versie van het verhaal kan niet worden uitgesloten.

Michael zegt dat hij na het tanken terug is gereden naar het bospad om zijn tas met gereedschap op te halen. Dat zou ongeveer vier minuten hebben geduurd. Onzin, zegt het OM. Dat duurt hoogstens dertig seconden. Uit de politiereconstructie is naar voren gekomen dat Michael zo'n vier tot acht minuten eerder dan Anne zou arriveren op de plek waar ze later zouden botsen. Ruim voldoende tijd om haar op te wachten en de botsing uit te lokken. Het OM zegt dat Michael hierover liegt.

'Uitgaande van deze gegevens heeft verdachte, eenmaal aangekomen bij de boom langs het ruiterpad, minimaal vier minuten gebruikt om de tas met spullen daadwerkelijk vanachter de boom te pakken. Wanneer, in het voordeel van verdachte wordt uitgegaan van de langzaamste gemiddelde snelheid voor de scooter, en de snelste gemiddelde snelheid voor de fiets, verdachte alsnog een onverklaarbare drieënhalve minuut zou hebben besteed aan het pakken van zijn tas vanachter de boom. Een handeling die verdachte zelf omschrijft met de woorden: "Ik rende erin en eruit",' aldus het OM.

Na de botsing met Anne is de scooter van Michael beschadigd. Ook Annes fiets is gehavend. Anne wil de politie bellen en zoekt naar haar telefoon. Michael heeft geen behoefte aan de interventie van de politie. Hij flipt. Omdat zijn scooter niet verzekerd is, zegt hij tegen Anne dat hij absoluut geen politiebelletje wil.

'Kunnen we het hier niet bij laten,' zegt hij nog. Maar Anne staat erop – de politie moet en zal komen. Michael raakt in paniek en vervolgens buiten zinnen van woede.

'Geef me die kankertelefoon!' schreeuwt hij. Om zijn dreigement kracht bij te zetten opent hij de buddyseat en grijpt in de tas vol gereedschap naar zijn mes. Anne schrikt en geeft haar iPhone af. Michael breekt haar telefoon meteen doormidden, zodat de politie niet ingeschakeld kan worden. Daarna dwingt hij haar onder dreiging van het mes het bos in, het ruiterpad op. Anne moet haar fiets meenemen.

In het bos verkracht hij Anne. Dichtbij slaat drie keer achter elkaar de bliksem in. 'Stop,' zegt hij wanneer dat gebeurt. Dan trekt hij zijn broek weer aan.

Tegen de politie vertelt hij dat hij Anne in het bos wil achterlaten. Hij loopt weg en draait zijn rug naar haar toe. Maar Annes oog valt op zijn mes dat achter in zijn broeksriem steekt. Anne valt Michael aan en steekt met het mes in zijn hand. Michael gaat door het lint. Het wordt zwart voor zijn ogen. Hij bedenkt zich geen moment en valt Anne aan. Ze vallen op de grond, maar Michael weet als eerste op te staan. Hij trapt haar op haar hoofd. Daarna slaat hij haar met zijn linkervuist in haar gezicht. Pas dan laat Anne het mes los. Haar verzet is gebroken.

Het OM stelt echter dat Michael véél meer geweld gebruikte dan hij heeft toegegeven. Op Annes lichaam zijn door forensisch pathologen vele tientallen bloeduitstortingen gevonden: in totaal bijna vijftig.

Anne ligt op de grond. Het zweet en de regendruppels gutsen langs Michaels hoofd. Wat moet hij nu? Hij loopt naar zijn scooter en opent de buddyseat. Uit de tas met gereedschap pakt hij twee tiewraps waarmee hij Annes handen aan elkaar bindt. Zijn scooterhelm plaatst hij over Annes hoofd. Dan zet hij haar achterop zijn scooter en gaan ze ervandoor. Minutenlang rijdt Michael met Anne achterop de scooter over de onverharde bospaden, die vol liggen met uitstekende boomwortels. Het plan is haar bij de manege in het bos achter te laten.

Michael is in paniek. De regen komt nog steeds met bakken uit de hemel en hij is de weg kwijt. Kriskras scheurt hij door het bos. Uiteindelijk ziet hij een herkenningspunt in een spoorwegovergang. Nu weet hij waar ze zijn. Hij steekt het spoor over en besluit naar vliegbasis Soesterberg te rijden. Hier verandert het plan. Niet langer wil hij Anne bij de manege achterlaten. De vliegbasis, daar wil hij haar laten gaan. Hij rijdt met haar over het Doldersepad, langs het treinspoor, richting het hek van de vliegbasis. Als er al mensen in de passerende trein zitten die iets gezien hebben, kan het niet veel zijn geweest. Het is inmiddels goed donker in het bos.

Bij het hek tilt hij Anne – nog steeds met haar handen vastgebonden – over de bedrading. Ze komt op haar beide voeten terecht. Daarna klautert hij er zelf overheen. Onder dreiging van een mes loopt hij honderden meters met haar over de vliegbasis. Hij is van plan haar vrij te laten, in de buurt van het militair museum op de vliegbasis. Dat is nog een eindje lopen. In de tussentijd blijven Annes handen vastgebonden. Als Anne uit angst schreeuwt om hulp, schrikt Michael. Hij beveelt dat ze stil moet zijn. Dat ze haar bek moet houden. Michael grijpt haar stevig vast bij haar nek en knijpt in haar keel. Het werkt. Anne is even stil. Als ze verderlopen ziet Michael een betonnen bunker in de grond verscholen, waar ze naartoe lopen. Dan ziet Anne in de verte een fietser. Opnieuw schreeuwt ze om hulp. Michael houdt het mes dicht bij haar keel. Hij wil niet betrapt worden. 'Hou je bek, hou je bek,' fluistert Michael in haar oor. Anne blijft gillen. Dan haalt Michael het mes met één lange haal langs haar keel.

Forensisch pathologen stellen vast dat het onmogelijk is dat Michael slechts één keer met het mes Annes keel heeft doorgesneden. Zij constateren op haar lichaam dat het mes meerdere halen heeft gemaakt. Ook heeft ze een aantal andere diepe snijwonden. Nadat Anne is gedood, zegt Michael, trekt hij haar kleren uit en begraaft haar. Opvallend is dat op het later gevonden shirt dat Anne droeg geen bloed is aangetroffen. Het OM: 'Dit is opmerkelijk, aangezien Anne dit shirt volgens verdachte nog droeg toen hij haar keel doorsneed. Toen hij dit deed, lagen zij beiden op hun linkerzij. Verdachte sneed haar aan de rechterzijde van haar nek en voelde een warme waas over zijn hand. Ter zitting heeft verdachte verklaard dat er veel bloed was. Gelet op de positie waarin Anne zich bevond en de mate van bloedverlies, is het ondenkbaar dat er geen bloed op haar shirt is aangetroffen.'

Nadat Michael Anne heeft gedood haalt hij zijn scooter op en draagt haar lichaam op zijn scooter. Vervolgens rijdt hij haar meters verderop naar een plek bij een grote betonnen hangar, niet ver van het militair museum. Daar verbergt hij haar onder bladeren.

Daarna rijdt hij terug naar de kliniek in Den Dolder. Hij blijft maar een uurtje in zijn kamer, waar hij zit te malen over alles wat er is gebeurd. Het feit dat er zo veel sporen zijn die naar hem zullen leiden laat hem niet los. Michael beseft dat hij terug moet. De kleding en tas van Anne, die hij bij terugkomst in een container van Roosenburg heeft gedumpt, graait hij er weer uit. Ook pakt hij uit de schuur een schop, zodat hij een graf kan graven om Anne daarin te verbergen. Vervolgens loopt hij terug naar het ruiterpad waar hij Anne heeft verkracht. Een wandeling van ongeveer 3 kilometer. De zwarte opoefiets van Anne is hier blijven liggen. Alleen het glas van het gebroken fietslicht is achterbleven als stille getuige.

Op Annes fiets rijdt hij terug naar de vliegbasis. Daar gaat hij aan de slag met het graven van een diepe kuil. Door de vele wortels in de grond lukt het Michael maar moeilijk een goed gat te graven. Op een plek tientallen meters verderop lukt het wel. Hier is de grond wat minder hard. Dan loopt hij terug naar het lichaam en snijdt met een mes de tiewraps van Annes handen los. Daarna sleept hij tientallen meters met Anne naar de plek van de kuil. Hij bedekt het lichaam met zand en bladeren.

Zodra het lichaam van Anne in de kuil ligt en is bedekt onder een stapel bladeren en een berg zand vertrekt hij. De spullen van Anne neemt hij mee. Op Annes fiets rijdt hij van de vliegbasis naar Huis ter Heide, een afstand van vier kilometer. Hij is van plan op verschillende plekken spullen achter te laten. De fiets van Anne dumpt hij als eerste. Die gooit hij in de vijver van het Blookerpark. De rugtas van Anne propt hij in een konijnenhol. Annes jas gooit hij even verderop, aan de rand van het park, in een dichte struik langs het fietspad. Andere spullen, zoals haar pasjes, loost Michael op andere plekken. Een T-shirt van Anne wordt later zelfs in Bilthoven gevonden.

Als Michael klaar is loopt hij terug naar de kliniek.

Later vindt de politie de fiets in de vijver en de tas in

het konijnenhol. Het moordwapen wordt door de politie nooit gevonden. Michael zegt niet te weten waar hij dit heeft achtergelaten. Ook de iPhone van Anne is tot op de dag van vandaag zoek. Annes sierraden, een ketting met een groeibriljantje, en haar oorringetjes, worden ook niet gevonden. 'Ik heb ze niet gezien,' zegt Michael.

Aan het einde van nacht, het is al bijna ochtend, keert Michael terug in de kliniek. Niemand heeft iets door. Niemand heeft iets gezien.

5

DE ZOEKTOCHT

Op zondagmiddag 1 oktober 2017 rijdt Ad Sanders samen met zijn vrouw vanuit Enschede over de A1 terug in de richting van Utrecht. De plaatsvervangend politiechef van de stad Utrecht is de dag ervoor naar een trouwerij geweest. Het was gezellig. Ze zijn blijven slapen in het oosten en na een stevig ontbijt weer op weg terug naar huis. Dan gaat de telefoon: werk. ‘Wil jij de leiding nemen over het onderzoek naar de vermissing van Anne Faber?’ Sanders stemt in, veegt zijn agenda voor de rest van de week schoon en gaat maandagochtend aan de slag. Als hij thuis is, zoekt hij op zijn mobiele telefoon snel naar nieuwsberichten over de vermissing.

Twee dagen eerder.
Nathan zit op de bank. Hij is net thuis van een bruiloft. Een gezellige avond. Maar zijn gevoel is helemaal omgeslagen. Nu kijkt hij nerveus naar het scherm van zijn telefoon. Hij heeft al een tijdje niks gehoord van Anne. Als hij appjes naar haar stuurt, verschijnt er maar geen vinkje in WhatsApp. Zijn vriendin leest de berichtjes die hij stuurt niet. Wat is er aan de hand, vraagt Nathan zich af. Om 18.15 uur kreeg hij voor het laatst een berichtje van haar. Anderhalf uur later lijkt ze zijn berichtjes niet meer te lezen. Hij begint nerveus te worden. En ongerust.

Om de selfie die Anne stuurde vanuit de plensbui moet hij nog lachen. Die foto straalt een quasi 'wat-overkomt-mij-nou-weer-nonchalance' uit. Maar inmiddels kan Nathan niet meer lachen. Hij besluit Elze, de moeder van Anne, te bellen. Die schrikt als Nathan vertelt wat er aan de hand is. Elze belt Wim, de vader van Anne. Hoewel Wim en Elze uit elkaar zijn, is hun onderlinge contact over de kinderen goed. 'Is Anne bij jou?' wil ze weten. Wim antwoordt van niet.

Nog diezelfde avond fietst Nathan de route die Anne heeft gefietst. Hij komt onthutst thuis in zijn appartement in de wijk Lunetten. Hij heeft geen spoor van Anne gevonden. Kort daarna besluiten Nathan en Elze naar de politie te gaan om de vermissing van Anne te melden.

De politie neemt het verhaal van Nathan en Elze serieus. Ze vertellen de agenten die hun aangifte opnemen dat Anne een serieuze meid is die niet zomaar wegloopt. Ze heeft geen suïcidaal of psychiatrisch verleden. De vermissing van Anne wordt door de politie aangemeld als urgent. Dagelijks worden er ongeveer vijf vermissingen gemeld in Utrecht, maar juist omdat Anne geen aanleiding heeft om zomaar uit het leven te verdwijnen neemt de politie de vermissing hoog op.

Zaterdagochtend is de paniek bij de vrienden en familie van Anne groot. De hele nacht is er gebeld, zijn er appjes verstuurd en is er gepraat over wat er gebeurd kan zijn. Elze belt opnieuw naar Wim, maar ook hij heeft niets meer gehoord van zijn dochter. Hij stapt in de auto en rijdt naar Utrecht. Bij het hoofdbureau van de politie aan de Kroonstraat in het centrum van de stad meldt hij zich als de vader van de vermiste Anne. De receptioniste schrijft zijn gegevens op en vraagt hem te gaan zitten. Even later zit hij in een kamertje tegenover rechercheurs, die hem bevragen over zijn dochter.

De rechercheurs vragen Wim het hemd van het lijf. Ze willen alles weten over Anne. Is ze iemand met persoonlijke problemen? Is ze weleens weggelopen? Heeft ze relatieproblemen? Is ze verward of suïcidaal? Heeft ze vijanden? Of anders misschien geldproblemen? Wim geeft rustig antwoord op alle vragen die hem voor de voeten worden geworpen. Hij vertelt dat zijn dochter een gezonde jonge vrouw is, die nooit zomaar weg zou gaan. Hij legt uit dat er iets gebeurd moet zijn. En geldproblemen? Anne is juist voor het eerst in haar leven geld gaan sparen. Hij pakt zijn telefoon erbij en laat de rechercheurs zijn laatste WhatsApp-gesprek met haar zien. Het is een gesprek van vrijdagavond. Wim stuurt haar een foto van zijn nieuwe auto. Vette bak, schreef hij erbij. Anne reageerde om 19.06 uur: Haha, wat voor eentje is dit dan? Daarna stuurt ze niets meer. Het moet haast wel door een ongeluk zijn, of erger, denkt Wim.

Omdat Annes vermissing zó urgent is, geeft het OM het onderzoeksteam zaterdagmiddag toestemming de telecomgegevens van Annes telefoon op te vragen. Misschien staan daar aanwijzingen in die de politie op weg kunnen helpen.

Uit de data blijkt dat het echt mis is. Te zien is dat het contact van Annes iPhone 5s met de laatst aangestraalde zendmast, bij het Berkenlaantje, niet op een normale manier is afgesloten. Als de ontvangst van het netwerk wegvalt, dan logt het toestel als het ware uit. Ook als het toestel handmatig wordt afgesloten gebeurt dit. Maar als het contact van het toestel met de zendmast door een externe factor wordt verbroken, bijvoorbeeld doordat het toestel kapot wordt gemaakt, dan logt het toestel niet uit. Dan is het signaal – patsboem – weg.

Een misdrijfscenario wordt direct waarschijnlijker. Een politiehelikopter zoekt die middag nog boven het gebied waar Anne haar laatste selfie heeft verstuurd. De warmtecamera's in de heli vinden niets.

Ondertussen zitten Annes vrienden niet stil. Ze zijn een spontane zoektocht begonnen en hangen in Baarn, waar Anne haar laatste selfie maakte en verstuurde, posters met daarop Annes beeltenis en informatie over haar op. Ook wordt de route weer gefietst die Anne heeft afgelegd. Maar ze vinden niets.

Een paar uur later wordt hun angst nog groter als Anne niet komt opdagen bij een afspraak in Amsterdam. Haar vrienden, gesteund door de ouders van Anne, besluiten de media te benaderen om zo het grote publiek te betrekken bij de zoektocht. Nathan plaatst een bericht op zijn Facebook-pagina. Hij roept iedereen op uit te kijken naar zijn vriendin. In het bericht schrijft hij wat ze aanhad, op wat voor fiets ze reed en welke route ze waarschijnlijk fietste. Ook plaatst hij een aantal foto's van Anne en de spullen die ze bij zich had. Die avond verschijnen op de websites van de lokale nieuwssite *DUIC* en het *AD Utrechts Nieuwsblad* de eerste berichten over de vermissing van Anne. De berichten worden via social media al snel duizenden keren gedeeld. De inbox van Nathans Facebook-pagina stroomt over met berichten. Ook wildvreemden sturen hem berichtjes.

Wim Faber is niet de enige die stevig aan de tand wordt gevoeld door de rechercheurs die op de zaak zijn gezet. Ook moeder Elze en een aantal van Annes huisgenoten worden bevraagd. Op zondag 1 oktober wordt ook Nathan gevraagd naar het bureau te komen voor een gesprek. Hoewel de rechercheurs hem officieel niet als verdachte aanmerken, wordt op zijn verhoor het zwaarst ingezet. Nathan heeft namelijk wel verdacht gedrag vertoond. De Facebookpost van Nathan waarin hij de vermissing meldt vinden ze vreemd. De inhoud trekt hun aandacht. Dat Nathan exact beschrijft hoe lang is ze is en wat voor merk fiets zij rijdt, valt op.

Wat de rechercheurs nog opvallender vinden, is dat hij ook een foto van de fiets van Anne plaatst. Niet het showmodel waarvan foto's via Google te vinden zijn, maar een foto die hij zelf heeft gemaakt en waar ook een sticker van de fietsenwinkel op zit. 'Wie heeft nou zulke foto's van de fiets van zijn vriendin?' zeggen de rechercheurs tegen elkaar.

Het verhoor valt Nathan zwaar. Zeker als hem de vraag wordt gesteld waar hij vrijdagavond was en of hij kan bewijzen dat wat hij zegt waar is. Dat de rechercheurs hem vragen of zij in zijn telefoon mogen kijken doet hem veel pijn, maar hij geeft uiteindelijk wel toestemming. Nathan weet dat hij niets met de vermissing van zijn vriendin te maken heeft. Het gevoel dat hij moet bewijzen dat hij onschuldig is, en dat de politie misschien wel denkt dat hij verantwoordelijk is, stuit op weerstand bij Nathan.

Uiteindelijk concluderen de rechercheurs dat Nathan niets te maken heeft met de vermissing van Anne. Maar het verhoor van de politie breekt hem. Hij vertrouwt de politie niet meer. De relatie tussen Nathan en de politie zal ook niet meer goed komen. Hij wantrouwt de recherche en heeft geen vertrouwen in een goede afloop.

Maandagochtend wordt Ad Sanders als chef van het onderzoek naar de vermissing van Anne bijgepraat door Rob Vermeulen, die het rechercheteam aanstuurt. Vermeulen geeft leiding aan een groep van 35 rechercheurs die op het onderzoek zijn gezet. Ook overlegt Sanders met twee officieren van justitie die op de zaak zijn gezet. Het zijn Hester Leepel, een officier met als specialiteit vermissingen, en de ervaren officier Ronald Craenen.

De familie en vrienden van Anne zijn ondertussen al vroeg in de weer met zoekacties op twee verschillende plekken: tegenover Paleis Soestdijk en in de omgeving van de Hilversumsestraatweg. De politie en de marechaussee helpen door de actie te coördineren en vast te leggen wat de vrijwilligers doen. Die informatie delen zij dan weer met het rechercheteam. De politie vindt het niet nodig daar te zoeken. Omdat Annes telefoon bij het Berkenlaantje in Soest voor het laatst is aangestraald, is het rechercheteam van mening dat het geen zin heeft een grootse zoekactie in Baarn op touw te zetten.

De familie, vrienden en vrijwilligers die helpen met zoeken, verzamelen zich in het chique restaurant Vuur in Baarn. Op kaarten die zijn verstrekt door de politie wordt het zoekgebied door een helikopterpiloot, die bevriend is met Anne, opgedeeld in rasters. Die rasters krijgen een nummer en per raster zoeken twee mensen, is de bedoeling. Er worden speciale appgroepen gevormd; iedere zoekgroep krijgt een eigen appgroep. Weer anderen gaan bij de vele villa's die het lommerrijke gebied rijk is op zoek naar camerabeelden. Zo ontstaat er al snel een professionele structuur.

Ondanks die professionaliteit verloopt de samenwerking tussen de familie Faber en de politie nog niet optimaal. De familie vindt dat de politie direct een grote zoekactie moet opstarten. Anne is weg en de politie moet alles op alles zetten. De politie wil juist op basis van gedegen recherchewerk zoekacties opzetten. Vrijwilligers die camerabeelden vragen bij omwonenden merken dat de bereidheid er bij bewoners wel is, maar dat zij pas willen meewerken als het verzoek tot het afstaan van de beelden van de politie komt. De verzoeken worden door de vrijwilligers doorgegeven aan de politie, maar terugkoppeling is er lang niet altijd. Politiemensen noemen de samenwerking op dat moment chaotisch.

Ondanks de stroeve samenwerking draait ook het politieonderzoek op volle toeren. Met speurhonden zoekt de politie in een gebied ten westen van Soest, in de buurt van het Berkenlaantje. Zonder resultaat.

Aan het einde van de dinsdagmiddag is er eindelijk resultaat.

Aanvankelijk verloopt de dag zoals een dag ervoor. Familie, vrienden en vrijwilligers zoeken in de omgeving van de Hilversumsestraatweg, ondersteund door de politie. De zoekers zijn door de politie geïnstrueerd wat ze moeten doen als ze iets vinden: afblijven en de politie bellen. Ook weten de zoekers waar ze naar welke spullen moeten zoeken.

De vondst die twee vrienden van Anne doen in Huis ter Heide, langs een fietspad in de berm, ver van de route die Anne normaal gesproken fietst, zorgt voor een doorbraak. Hoewel de politie de pers niet bevestigt dat de kleding die gevonden is ook daadwerkelijk van Anne is, weet het onderzoeksteam genoeg. De donkergroene parka van het merk The North Face is dezelfde die Anne droeg toen ze vrijdagmiddag vertrok. De forensisch specialisten die ter plaatse komen, stellen de jas veilig en sturen die naar het lab van het Nederlands Forensisch Instituut in Rijswijk. Het sporenonderzoek op de jas krijgt de hoogste prioriteit: alle andere onderzoeken staan even op een laag pitje. Rond de vindplaats van de jas is de politie nog tot diep in de avond met speurhonden aan het zoeken.

Een dag later gaat de zoekactie van de politie in Huis ter Heide verder, onder toeziend oog van tientallen journalisten en cameraploegen. Annes vermissing en de steeds groter wordende zoektocht zijn inmiddels landelijk nieuws geworden. Forensisch rechercheurs kammen het gebied uit, ondersteund door een aantal speurhonden. Later op de dag sluit ook de ME aan, om er zeker van te zijn dat niets over het hoofd wordt gezien. In linie marcheren ze door het gebied.

De familie Faber en de vrienden en vrijwilligers krijgen vanaf woensdag ook versterking van een groep studenten van de Politieacademie. Zij zetten hun kennis en expertise in om de familie Faber zo goed als kan te helpen.

Vader Wim en zijn broer Hans, die optreedt als woordvoerder namens de familie, houden zich bewust afzijdig van de zoektocht. Ze besluiten een aantal ggz-instellingen in Den Dolder te bezoeken. Ze hebben het gevoel dat personen die daar verblijven misschien wel iets te maken hebben met de verdwijning van Anne. Wim en Hans hebben samen op de kaart een aantal van deze instellingen uitgekozen op basis van een risicoprofiel. De instellingen liggen niet ver van de plek waar Annes telefoon is uitgegaan en zijn daardoor in beeld bij de familie. Ze voelen argwaan.

De forensisch-psychiatrische kliniek Roosenburg is de laatste instelling die Wim en Hans bezoeken. 'Wat voor mensen zitten hier eigenlijk?' vraagt Wim aan een van de medewerkers. 'Hier zitten patiënten die zijn veroordeeld voor ernstige misdrijven,' krijgt hij te horen. De verdwijning van Anne wil de medewerker niet bespreken met de cliënten, om onrust te voorkomen. De twee broers verlaten met een naar voorgevoel het terrein. 'Foute boel,' zegt Wim tegen Hans.

Donderdag pakt *De Telegraaf* uit met chocoladeletters. LAAT LEGER NAAR ONZE ANNE ZOEKEN, kopt de krant op de voorpagina. 'De tijd tikt niet in ons voordeel,' zegt

Hans Faber in het artikel. De politie was niet op de hoogte van de aankomende publicatie en is verrast, ook omdat er al werd gesproken over de mogelijke inzet van Defensiepersoneel. 'Met elke dag die voorbijgaat zonder dat er een beslissende doorbraak in het onderzoek is, wordt de kans kleiner dat Anne wordt gevonden. Daarom doen wij een dringende oproep aan de autoriteiten om de zoektocht flink uit te breiden onder begeleiding van professionals uit het leger of de politie, en uitgevoerd door bijvoorbeeld *combat trackers*. Wij willen alles op alles zetten om Anne terug te vinden,' besluit Hans Faber de oproep in de krant.

Hoofdredacteur Paul Jansen van *De Telegraaf* is een persoonlijke vriend van de familie Faber en heeft meegezocht naar Anne.

Diezelfde ochtend brengt politiechef Ad Sanders een bezoek aan de familie. Hij zegt de familie toe een nieuwe plek te vinden van waaruit zij kunnen werken. Weg uit het restaurant. 'En als er belangrijke informatie beschikbaar komt, dan kom ik het jullie persoonlijk vertellen,' besluit hij.

Rond Huis ter Heide doorzoeken tientallen ME'ers donderdag nog steeds de omgeving. Schouder aan schouder met zeker honderd vrijwilligers, die uit het hele land zijn gekomen, lopen ze door het bos. De kring waarin ze zoeken wordt steeds groter. Het leidt donderdagavond opnieuw tot groot nieuws: in de vijver van het Blookerpark in Huis ter Heide is de zwarte fiets van Anne gevonden. In een mum van tijd staat een groot gedeelte van de vaderlandse pers aan de rand van het park. Ze zien hoe duikers met speciale camera's op de bodem van de vijver zoeken naar sporen. Ook in de bosjes rondom de vijver wordt gezocht. De duikers vinden niks, waarop de politie besluit de vijver te laten leegpompen. De zoekactie wordt door de regionale zender *RTV Utrecht* live uitgezonden, wat tot woedende reacties leidt op social media. 'Wie haalt het in zijn hoofd dit uit te zenden?' is nog een van de meest beschaafde reacties. Ook Wim Faber kijkt naar de stream, tot zijn vriendin hem achter zijn laptop vandaan trekt. Ze wil niet dat hij via een livestream ziet hoe zijn dochter mogelijk wordt gevonden.

Na de vondst van haar fiets gaat het zoeken in het park de hele nacht door, maar er wordt niets meer gevonden. Vrijdagmorgen gaat het zoeken weer verder. Vanuit 'de hete zone', dicht bij de plek waar Annes fiets is gevonden, trekken de zoekploegen steeds grotere cirkels om die zone heen. Op die manier worden enorme gebieden minutieus doorzocht. Door de massale media-aandacht neemt de zoektocht inmiddels steeds grotere vormen aan. Vanuit heel Nederland komen dagelijks honderden vrijwilligers naar het gebied om mee te helpen, op de voet gevolgd door verslaggevers van kranten en tv-programma's.

'Dit kan zo niet langer,' zegt Ad Sanders hardop. Hij belt de eenheidsleiding van de politie Midden-Nederland. 'Het wordt tijd voor een SGBO,' zegt hij. Een Staf Grootschalig Bijzonder Optreden is een commandostructuur die de politie meer handvatten geeft om grote acties gestructureerd te laten verlopen. Ad Sanders, die al aan de leiding stond, krijgt nu hulp van Erik van der Hulst. De twee mannen zijn ervaren. Sanders was in 2015 verantwoordelijk voor de politieoperatie rondom de start van de Tour de France in Utrecht. Van der Hulst op zijn beurt deed dat in Amsterdam toen Willem-Alexander met Máxima in het huwelijksbootje stapte.

Nu de politie met het SGBO sterker is georganiseerd verloopt de zoektocht minder chaotisch. De zoekteams worden nu veel beter aangestuurd. De familie heeft inmiddels in de brandweerkazerne in Zeist een nieuwe plek van waaruit de zoektocht wordt gecoördineerd. Een ME-commandant brieft de familie en vrijwilligers iedere ochtend over het plan van aanpak voor de zoektocht. De politie regelt zelfs lunchpakketten voor de zoekers. De samenwerking tussen de politie en de familie verloopt steeds beter en bij de politie ontstaat grote bewondering voor de professionele manier waarop de familie en vrienden aan het werk zijn. Ook het Rode Kruis is inmiddels aan boord en werkt volop mee.

De steeds groter wordende zoekactie gaat ook in het weekend door. Honderden vrijwilligers komen naar Huis ter Heide en lopen met de ME kilometers door de bossen rond het Blookerpark en de leeggepompte vijver. De beelden zijn indrukwekkend en gaan het hele land door.

Op het hoofdbureau van de Utrechtse politie komen hoofdofficier Jet Hoogendijk, de burgemeesters Jan van Zanen van Utrecht en Koos Janssen van Zeist samen. Namens de politie schuift Gerda van Leeuwen aan. Van Leeuwen is onderdeel van de eenheidsleiding van de politie Midden-Nederland en staat boven Sanders en Van der Hulst. Hoogendijk wil graag een zogeheten driehoeksoverleg (OM/politie/burgemeester) en is dringend toe aan een beraad. Janssen is aanwezig omdat Huis ter Heide in de gemeente Zeist ligt. Anne is inmiddels al meer dan een week vermist en Hoogendijk wil graag dat alle neuzen van de overheid dezelfde kant op staan als er een doorbraak plaatsvindt in het onderzoek.

De burgemeesters laten zich bijpraten over de stand van het onderzoek. Janssen benadrukt in het gesprek dat de maatschappelijke onrust over Annes vermissing in zijn gemeente toeneemt. ‘Zijn het de mensen van de Polencamping, is het iemand uit een AZC, uit een instelling? Ik maak me zorgen over het wijzen naar groepen,’ zegt hij naar aanleiding van boze berichten op social media.

De aanwezigen spreken ook af dat áls er belangrijke doorbraken zijn in het onderzoek, iedereen eerst samenkomt. ‘Het is niet de bedoeling dat iemand in zijn eentje voor een camera gaat staan,’ zegt Hoogendijk beslist. De burgemeesters besluiten dat weekend beiden langs te gaan bij de familie Faber om hun steun uit te spreken. De hele zaterdag gaat de zoektocht rond Huis ter Heide door.

Zondagochtend 8 oktober. De telefoon van officier Ronald Craenen gaat over. 'Dat is het NFI,' zegt hij hardop. Een minuut later ziet het onderzoek waar hij met zijn collega Hester Leepel leiding aan geeft er totaal anders uit. Na dagen hard werken is het gelukt om van het celmateriaal dat op Annes jas is gevonden een bruikbaar DNA-profiel op te bouwen. 'We hebben echt de meest gevoelige DNA-technologie moeten toepassen om uit het spoortje een DNA-profiel te halen. Het was een ontzettend complex onderzoek,' verklaart het NFI. Als het DNA-profiel door de databank van de politie wordt gehaald blijkt het raak te zijn: er is een match. Tien seconden doet de computer erover, maar dan staat zijn naam in beeld: Michael P. Hij is een veroordeelde zedendelinquent. En hij blijkt te verblijven in een forensisch-psychiatrische kliniek in Den Dolder. Al snel wordt hij als verdachte aangemerkt.

Aan het begin van die middag is er een nieuw driehoeksoverleg, ditmaal in de 'bunker' van een politiegebouw aan de Briljantlaan in Utrecht. De bunker is het commandocentrum van de politie. Van hieruit monitoren de diensten de veiligheid in de stad tijdens grote evenementen. Ook kan het als crisiscentrum fungeren tijdens vermissingszaken als deze. De gezichten van de hoofdrolspelers zijn bedrukt. Hoofdofficier Jet Hoogendijk is gespannen, net als haar plaatsvervanger Rutger Jeuken. Burgemeester Koos Janssen van Zeist ziet dat zijn ergste nachtmerrie is uitgekomen. Politiechef Erik van der Hulst is vooral opgelucht dat het onderzoek nu een nieuwe dimensie krijgt, want ondanks de intensieve zoektocht heeft niemand een idee waar Anne zou kunnen zijn. De drie delen een slecht voorgevoel. Anne is nu al meer dan een week vermist en haar jas is ver buiten het gebied gevonden waar zij voor het laatst is gesignaleerd. En op die jas zit ook nog eens het DNA van een man die is veroordeeld voor een lugubere verkrachting.

Hoogendijk legt meteen haar kaarten op tafel. 'We moeten hem zo snel mogelijk aanhouden,' zegt ze. De politie blijkt een andere tactiek te willen toepassen. 'Wat nou als we hem een dag observeren, in de hoop dat hij ons naar Anne zal leiden,' zegt Van der Hulst. Officier van justitie Leepel heeft de dossiers van P.'s eerdere veroordelingen erbij gepakt en spreekt de hoop uit dat Anne mogelijk nog in leven is. Ze heeft gelezen dat P. de twee meiden in Nijkerk onder dreiging van een nepwapen naar een bosschage heeft gedirigeerd, maar dat hij ze uiteindelijk liet gaan. Misschien houdt hij Anne wel ergens verborgen?

Hoogendijk is niet te vermurwen en wil dat de politie P. direct laat oppakken. Ze is bang dat de verdachte er mogelijk vandoor gaat en dat de politie het spoor kwijtraakt. In haar hoofd ziet Hoogendijk de krantenkoppen en de reacties van de familie al voor zich. 'Als dat gebeurt, is dat aan de familie en aan de samenleving niet uit te leggen,' zegt ze. Toch heeft ook Hoogendijk de hoop dat Anne nog in leven is. 'Hoe kunnen we waarborgen dat hij er niet vandoor gaat?' vraagt ze.

Het gezelschap gaat voor een paar uur uit elkaar. De politie bereidt in de tussentijd een presentatie voor om de hoofdofficier te overtuigen van het plan om P. maandag een dag lang heimelijk te observeren. Het observeren moet in alle vroegte beginnen en eindigt uiterlijk om 16.00 uur. Als P. dan niet naar de plek is vertrokken waar hij Anne mogelijk verbergt, zal een arrestatieteam hem aanhouden. Agenten in burger en speciale observatieteams zullen onopvallend over het terrein lopen om P. in de gaten te houden. Achter vooraf bepaalde plekken in het bosrijke gebied op het terrein van de kliniek zullen politieteams met honden klaarliggen om P. te grijpen als hij de wijk neemt. Met de camera's van de gemeente Zeist, die op het terrein aan lantaarnpalen hangen, kan het overzicht worden bewaakt. Aan het begin van de avond wordt het plan aan Hoogendijk voorgelegd.

De hoofdofficier is niet meteen overtuigd van het plan. 'Hoe weten we zeker dat hij niet iets in de gaten heeft? Hij zal ook de media volgen. Gaat hij geen gekke dingen doen onder druk?' Ook het scenario dat er mogelijk een mededader is die door de massale media-aandacht zijn eigen plan trekt, spookt door haar hoofd. Ze is er nog steeds voorstander van de verdachte direct te laten aanhouden, want misschien zegt hij wel iets over Anne en wat er is gebeurd. De aanwezigen wisselen argumenten uit terwijl de avond valt over Utrecht. Is het een optie om P. bij zijn aanhouding te overrompelen en hem direct naar Anne te vragen? Sommigen wijzen erop dat dit tegen de regels is. Verdachten moeten namelijk op hun rechten worden gewezen. Zwijgen (cautie) is er daar een van. Het is een grondrecht. De spanning in de bunker loopt op. Het is inmiddels tegen middernacht en er is nog geen beslissing genomen.

Hoogendijk geeft na lang wikken en wegen toestemming voor een plan om P. tot maandagmiddag 16.00 uur te observeren. Ook geeft het OM uiteindelijk toestemming om 'verdachte stevig beet te pakken bij het overbrengen naar de arrestantenbus en het in de bus op zijn zitplaats zetten; verdachte zonder cautie te vragen waar Anne Faber is,' blijkt uit het politiedossier. Wel geeft het OM aan dat toepassen van geweld is verboden. Het Aanhoudings- en Ondersteuningsteam (AOT) krijgt toestemming om bij de aanhouding foto's van Anne en van de moeder van de verdachte te laten zien als pressiemiddel.

Die nacht zal Hoogendijk slecht slapen. Ze is niet de enige. Maar de hoop dat Anne misschien nog in leven is, geeft haar het beslissende zetje deze stap te nemen.

De zon moet nog opkomen als de voorbereidingen beginnen voor de bijzondere operatie. Zonder dat Michael

P. iets doorheeft, wordt hij door tientallen politiemensen geschaduwd en zet hij geen stap zonder dat iemand dat ziet en rapporteert. Uren verstrijken, maar P. doet geen gekke dingen. Hij leidt de politie al helemaal niet naar Anne. Een paar minuten voordat de deadline verstrijkt, belt officier Leepel naar hoofdofficier Hoogendijk. 'Is het mogelijk dat we de deadline oprekken?'

'Nee!' roept Hoogendijk. Ze wil echt niet langer afwachten. Michael P. moet worden aangehouden. En wel nu.

'Waar is Anne Faber, waar is Anne Faber!' schreeuwen de mannen in het oor van Michael P. 'Ik weet niet wie dat is!' gilt hij op het moment dat zijn handen op zijn rug worden geduwd en in twee metalen boeien worden geslagen. Politiebussen scheuren het terrein op. Een arrestantenbus opent de achterdeuren. De mannen die P. vasthebben, trekken hem de bus in en tonen foto's van Anne. 'Vertel waar ze is.' Ook wordt een foto van Michaels moeder uit een achterzak getoverd. 'Wil je haar nog eens zien? Vertel dan waar Anne is.'

Michael P. zegt niet te weten waar ze is. Voor de AOT'ers is dat het teken een van de gemuilkorfde honden erbij te halen. Terwijl de hond dicht bij de verdachte wordt gehouden krijgt Michael nog één keer de kans te vertellen waar Anne is. De verdachte zegt niks, ook niet als hij op zijn knieën wordt gezet en de bus naar het arrestantencomplex rijdt. Gedurende de rit krijgt Michael een skibril opgezet.

Tien kilometer verderop staat politiewoordvoerder Bernhard Jens in het politiebureau voor een kartonnen achtergrond vol met politielogo's. Hij kijkt recht in de camera. De video staat enkele minuten later op YouTube. 'Vanmiddag hebben wij een zeventwintigjarige man uit Den Dolder aangehouden. Hij verbleef in een forensisch-psychiatrische kliniek.' De politie geeft de naam van de verdachte niet prijs. Wel wordt de familie Faber vertrouwelijk bijgepraat over de nieuwste ontwikkelingen in het onderzoek.

Het nieuws dat de politie een verdachte heeft aangehouden in verband met de vermissing van Anne Faber is groot. Rond de forensisch-psychiatrische kliniek Roosenburg waar Michael verbleef, ontstaat een oploop van cameraploegen en journalisten. Ze zien hoe rechercheurs met dozen in- en uitlopen. Alle bezittingen van Michael worden in beslag genomen en onderzocht. Bovendien verplaatst de zoektocht van de politie naar Anne zich nu van Huis ter Heide naar de bossen rond de kliniek. Enkele uren later meldt *AD Utrechts Nieuwsblad* als eerste wíé die verdachte is: de zeventwintigjarige Michael P. Ook het grote publiek leert nu over zijn eerdere veroordeling voor de twee verkrachtingen en houdt rekening met het ergste.

Aan het begin van de avond krijgt de recherche een belangrijke tip via de tiplijn van de politie. 'De verdachte is Michael P. en hij zal iemand in De Stille Kern verborgen houden.' Dat de tipgever de naam van de verdachte noemt, wekt de interesse van de recherche. Op dat moment heeft de politie alleen nog maar bekendgemaakt dat een zevenentwintigjarige zedendelinquent uit Zeewolde is aangehouden. De media hebben de identiteit van de verdachte nog niet achterhaald of gepubliceerd. Een rechercheur krijgt de opdracht de tipgever terug te bellen. Hij blijkt een voormalige jeugdvriend van de verdachte te zijn. Ze maken de afspraak dinsdagmorgen samen naar De Stille Kern te gaan.

Dinsdagochtend zoeken de ME, politie, familie, vrienden, Rode Kruis en nu ook militairen van Defensie en een groep veteranen intensief in het bosgebied rond de kliniek. Ze lopen in verschillende groepen in het gebied rond de Fornheselaan en de Dolderseweg, ten noorden van Den Dolder. Fotografen volgen iedere stap die ze zetten. De zoekactie trekt ook mensen die Anne niet persoonlijk kennen, maar via de media-aandacht hebben gehoord over haar vermissing.

'We zijn allemaal supergemotiveerd,' zegt vrijwilliger Mila Dirksz tegen *RTL Nieuws*. 'Van 's ochtends vroeg tot 's avonds laat zijn de vrijwilligers in de weer. Je mag niks aanraken. Je loopt letterlijk met je handen op je rug. We vormen met zijn allen een linie, en we kijken en zoeken. Je moet echt denken als een rechercheur. Ik zag op mijn iPhone dat ik op een dag elf kilometer had gelopen. Maar het is ook mentaal heel zwaar, want je moet constant alert zijn. Ik wil iets betekenen voor andere mensen. En kan ik mijn vrije tijd nuttig besteden. Tv-kijken is gewoon niks voor mij.'

‘Hier moet het zijn,’ mompelt de rechercheur als hij de hockeyvelden van Zeewolde ziet. Hier heeft hij afgesproken met de tipgever. Als de tipgever in de zilvergrijze Volkswagen Golf van de rechercheur is gestapt rijden ze samen naar De Stille Kern. Nadat de auto is geparkeerd lopen ze over een veerooster, passeren de houten toegangspoort en lopen het bos in.

‘Hij zei altijd “als je hier iemand verstopt, dan vinden ze je nooit meer.” Destijds moesten we erom lachen, maar nu denk ik dat het zomaar waar zou kunnen zijn,’ vertelt de tipgever aan de politieman. ‘Hij was altijd geobsedeerd door seks en hield niet op met fantaseren over het verkrachten van “wijven”. “Als je haar bij die bomen vastbindt vreten de beesten haar op,” zei hij dan.’

Eenmaal bij de bewuste bomenrij waar Michael jaren geleden naar wees, zien de twee niks. Geen vreemde sporen. Geen omgeploegde aarde. Geen kleren. Geen iPhone. Geen spoor van Anne. Niks.

Het gelegenheidsduo rijdt naar een andere plek van De Stille Kern waar de jeugdvriend en Michael veel kwamen. Maar ook nu stuiten ze niet op sporen die erop wijzen dat Michael hier recent is geweest om een vrouw te verbergen. ‘Ik zie ook niet hoe hij dat zou moeten doen,’ vraagt de rechercheur zich hardop af. ‘Hoe kan hij vanuit Den Dolder ongezien hier komen?’

‘Je weet toch dat hij te allen tijde de auto van zijn moeder mag lenen,’ reageert de jongen verbaasd. De rechercheur kan zijn oren niet geloven. Hij noteert alles wat de tipgever weet over Michaels moeder en haar auto. Zijn collega's hebben dan al tips ontvangen van mensen uit Zeewolde. Ze hebben Michael recent nog zien rondrijden. Een andere jeugdvriend van Michael verklaart ook dat Michael De Stille Kern op zijn duimpje kent. En een ander heeft gezien dat Michael samen met zijn zus op het schoolplein stond om zijn nichtje van school te halen. De rechercheurs leren tot hun grote verbazing dat Michael in de kliniek in Den Dolder grote vrijheden genoot.

Diezelfde middag neemt de politie in Spakenburg een donkerrode Chevrolet Matiz in beslag. Het is de auto van de moeder van Michael. Forensisch specialisten zien al snel dat er recent bleek is gebruikt om de achterbak schoon te maken.

In de verhoren geeft Michael geen sjoege. Hij wil niet praten, omdat hij zegt te zijn mishandeld door de politiemannen die hem hebben gearresteerd.

Ook op woensdag gaat de immense zoektocht verder. De politie krijgt duizenden tips. Ze zijn lang niet zo bruikbaar als de tip van de jeugdvriend, maar de politie móét alle tips nagaan om niets over het hoofd te zien. Zo worden verschillende mails en telefoontjes over een meisje in Brazilië nagetrokken. Meerdere tipgevers wijzen de politie op een Braziliaanse Facebook-pagina die bericht over een blond meisje met ernstig geheugenverlies en denken daarbij aan Anne. De politie concludeert al snel dat het niet om Anne gaat, onder meer op basis van uiterlijke kenmerken waaronder een tatoeage die Anne niet heeft.

En dan zijn er nog de waarzeggers en paragnosten, die altijd opduiken bij grote zaken. Het kost de politie veel tijd om deze tips uit te zoeken en de informatie te kunnen uitsluiten. Ook de tips van deze gelukszoekers worden serieus genomen.

Aan het einde van de ochtend meldt hoofdofficier Hoogendijk zich met een paar familieleden op luchthaven Schiphol. Na lang wikken en wegen heeft ze besloten haar maanden geleden geplande trip naar Zuid-Spanje toch door te laten gaan. 'Jij bent volledig op de hoogte en weet overal van,' zegt ze tegen haar plaatsvervanger Rutger Jeuken.

Woensdagmiddag besluit de politie de zoektocht te verleggen naar De Stille Kern in Zeewolde. Er zijn meerdere getuigen die hebben verklaard dat Michael vroeger al sprak over De Stille Kern als een plek waar je iemand verborgen kan houden Het is het grootste aangelegde loofbos van Europa: een immens groot gebied. De verklaringen die Michaels jeugdvriend heeft afgelegd, gecombineerd met het bewijsmateriaal dat in de auto is gevonden, doet de politie vermoeden dat Anne in het bosgebied van Zeewolde is verborgen. De pers en vrijwillige zoekers worden op grote afstand gehouden. 'We zetten nu alleen specialisten in,' zegt een politiewoordvoerder tegen verschillende tv-programma's.

Hoofdofficier Hoogendijk leest het nieuws op haar vakantieadres in Spanje. Ontspannen zit er niet meer in.

Tot het donker wordt, zoekt de politie met speurhonden en een politiehelikopter met warmtecamera's in het gebied. Even maakt opwinding zich van hen meester als de warmtecamera iets opmerkt. Agenten op de grond gaan er meteen op af. Het blijken slapende reeën te zijn. Als de avond over Zeewolde valt en het te donker is om te zoeken blijft alleen de ME over. Zij bewaken het zoekgebied, zodat pottenkijkers of buitenstanders buiten blijven.

Het is al na elven als Michael uit zijn cel wordt gehaald voor een nieuw verhoor. De twee rechercheurs die hem bevragen hebben nog geen succes gehad. Ieder verhoor is tot nog toe vruchteloos verlopen. Maar nu hebben ze munitie. De resultaten van het forensisch onderzoek in de auto van zijn moeder lijken erop te wijzen dat er bloedsporen zijn gemaskeerd door bleek te gebruiken. Michael wordt geconfronteerd met deze informatie, in de hoop dat hij 'breekt' en de politie vertelt waar Anne is. En ze spelen in op zijn gevoel. De ouders van Anne moeten weten wat er is gebeurd met hun dochter. 'Vertel het hun vanavond nog. Ze hebben er recht op om dit te weten.'

Het werkt. Michael erkent dat hij verantwoordelijk is voor de verdwijning van en moord op Anne Faber. Hij vertelt de politie de precieze plek waar Anne gevonden kan worden. 'Het is belangrijk dat zij weten waar ze is,' zegt hij erbij. 'Ze verdienen rust.'

De rechercheur schrijft nauwkeurig op wat Michael vertelt over de specifieke vindplaats van Anne. Dan loopt hij naar buiten om zijn collega's te informeren. De opwinding buiten de verhoorkamer is groot. Direct begint een intensieve belronde. Plaatsvervangend hoofdofficier Rutger Jeuken en zaaksofficieren Craenen en Leepel worden op de hoogte gesteld. Ook politiechefs Sanders en Van der Hulst krijgen een telefoontje. Opnieuw komt iedereen samen in de bunker voor spoedoverleg. De familie Faber wordt door Sanders ingelicht. 'De kans is groot dat we Anne gaan vinden,' zegt Sanders tegen de familie. Twee forensisch rechercheurs zijn dan al aangekomen op de plek die Michael heeft aangewezen. Ze constateren dat de grond flink is verstoord. 'Hier moet het zijn,' zeggen ze tegen elkaar. Het is 3.30 uur – Anne is bijna gevonden.

Nog diezelfde nacht staat de politie voor een flinke opdracht. De plek waar Anne door Michael is begraven en waar de politie woensdagmiddag heeft gezocht, liggen een kilometer of acht uit elkaar. De bewaking die in De Stille Kern het zoekgebied bewaakt, moet zich in het holst van de nacht ongezien verplaatsen naar de plek die door Michael is genoemd. De politie is bang dat dit uitlekt, wat ook gebeurt, doordat sommige freelancejournalisten de nacht doorbrengen in en rond het bos. Maar onder druk van de politie besluit *RTV Utrecht* deze informatie niet te publiceren.

Vrijdagochtend plaatst de politie een bericht op Twitter

dat het onderzoek naar Annes vermissing in een allerlaatste stadium brengt. Nu onderzoek op specifieke plek omgeving Nulderpad #Zeewolde. Vermoeden dat het lichaam van #AnneFaber daar verborgen is. Gebied is afgezet luidt de tweet. Niet veel later staat het gebied vol met journalisten, verslaggevers en camerawagens. Het einde van een bijna twee weken durende vermissing is in zicht.

Het eerste wat forensisch rechercheurs leren op de opleiding is dat het onderzoek op een plaats delict altijd van buiten naar binnen gaat. Op die manier worden alle mogelijke sporen rond de plaats delict door de rechercheurs opgemerkt. Nauwkeurig en rustig werken zij toe naar de plek waar het slachtoffer zich zou bevinden, in een straal van ongeveer 150 meter. Het afgraven gebeurt langzaam. Van iedere laag grond wordt een gedeelte opgeslagen voor onderzoek. Deze aarde gaat door een zeef; zo kan ontdekt worden wanneer de grond is verstoord.

Plots worden de mannen in witte pakken gestoord in hun werk. Een klein vliegtuigje met daarin een ANP-fotograaf vliegt laag over en schiet de nodige foto's, die even later op verschillende nieuwssites worden gepubliceerd. De politie roept iedereen op dit niet meer te doen. Vliegverkeer boven zoekgebied Nulderpad #Zeewolde kan onderzoek hinderen/vertragen. Dringend verzoek: niet boven gebied vliegen, tweet de politie. Het is een nette omschrijving, want de politieleiding is buiten zinnen van woede en noemt het respectloos.

In de bunker is net een vergadering gaande als Van der Hulst een briefje krijgt toegeschoven. 'Het lichaam is van Anne,' vertelt hij aan de groep. Het wordt stil in de zaal. Er is een lichaam gevonden en het lichaam is van Anne. Een tandtechnicus heeft op basis van haar gebit een DNA-match gevonden. Ad Sanders heeft de moeilijke taak om Annes ouders te informeren. Halverwege de middag krijgt de familie Faber het verschrikkelijke nieuws dat zich al aankondigde.

In het gemeentehuis van Zeewolde geven de politie en het Openbaar Ministerie donderdagavond een persconferentie, die live door de NOS en *RTL Nieuws* wordt uitgezonden. Rutger Jeuken krijgt als plaatsvervangend hoofdofficier als eerste het woord. 'Vandaag is in het bos in Zeewolde een lichaam gevonden nadat er op een specifieke plek bij het Nulderpad is gezocht. We hadden al aanwijzingen dat het om het lichaam van Anne Faber zou gaan en vandaag is er uit forensisch onderzoek gebleken dat zij het inderdaad is.'

Oom en woordvoerder Hans Faber krijgt als laatste het woord: 'Het zwartste scenario is uitgekomen.'

6

DE KLINIEK

Plots komen ze uit alle hoeken en gaten aangereden, de witte politiebussen met luide sirenes. Er is geen ontkomen aan. Michael wordt door een arrestatieteam in de boeien geslagen en een politiebus in gedragen. Tientallen politieagenten snellen het terrein op. Hier en daar worden politielinten gespannen tussen de bomen. In de forensisch-psychiatrische kliniek Roosenburg loopt locatiemanager Petra de Leede zenuwachtig rond. Ze heeft net van de recherche vernomen dat Michael, een van de patiënten in de kliniek, is aangehouden in verband met de vermissing van Anne Faber. Even later moet ze het nieuws aan de andere cliënten mededelen. Een bericht dat voor veel onrust onder de patiënten zal zorgen. 'Michael wordt verdacht van een ernstig feit. Wij vragen jullie om mee te werken aan het politieonderzoek.' Daarna worden alle patiënten naar hun kamer gestuurd. Ze zijn luidruchtig en onrustig.

Op 1 februari 1905 slaagt de Willem Arntsz Stichting uit Utrecht erin een gebied van 207 hectare grond aan te kopen aan de oostkant van de Dolderse weg, een stuk niemandsland ten oosten van Utrecht. De kosten: 26 duizend gulden. Een flink vermogen voor die tijd. De Willem Arntsz Stichting is een Utrechtse psychiatrische instelling, vernoemd naar een vermogend Utrechts schepen, die in de vijftiende eeuw zijn vermogen naliet aan de broeders van het St. Barbara- en het St. Bartholomeusgasthuis. Het doel van de stichting is om met het geld en de gekochte lap grond een gasthuis voor geesteszieken op te richten. Het algemene psychiatrische inzicht in die tijd is dat patiënten beter genezen in de buitenwereld en in de frisse lucht van het bosrijke gebied. Combineer dat met werk in de land- en tuinbouw en dan kan niets de genezing in de weg staan, zo is de gedachte. In de bossen van Den Dolder is de kans op genezing van de 'lijders van krankzinnigheid' het grootst. Het gebied gaat de Willem Arntsz Hoeve heten. Het dorp Den Dolder zoals dat er nu is, was er nog niet. Sterker nog, veel mensen die er gaan werken komen er ook te wonen. Den Dolder telt nu inmiddels ruim 3800 inwoners.

In de jaren na de aankoop door de stichting groeit de Hoeve zienderogen. Er wordt een boerderij gebouwd.

Ook komen er paviljoens voor de patiënten en verschillende dienstwoningen voor het verzorgende personeel. In de loop der jaren worden er nog veel meer paviljoenen bij gebouwd, zodat het terrein aan meer patiënten plaats kan bieden. De Willem Arntsz Hoeve groeit met al deze paviljoens en gebouwen uit tot een dorp op zich. Er worden steeds meer personeelsgebouwen bij gebouwd en er worden speciale vloeiakkers aangelegd om de ontlasting van alle bewoners te composteren. Deze vloeiakkers zijn inmiddels eigendom van Utrechts Landschap. In de Tweede Wereldoorlog sterven veel mensen in de Hoeve, doordat veel patiënten uit gebieden die in de *Sperrzones* van de Duitse bezetter liggen naar Den Dolder worden verplaatst. Tyfus, tuberculose en actieve verwaarlozing zorgden voor in totaal zeker ruim elfhonderd doden.

In de jaren zeventig wordt er een scheiding gemaakt tussen de psychiatrisch patiënten en geestelijk gehandicapten. Die laatsten gingen vallen onder Dennendal, het tegenwoordige Reinaerde. De Willem Arntsz Hoeve is tegenwoordig onderdeel van Altrecht, een samenwerkingsverband tussen verschillende psychiatrische ziekenhuizen in de provincie Utrecht. Op het terrein is ook ruimte voor een forensische afdeling, waar mensen met geestelijke gezondheidsproblemen die een strafbaar feit hebben gepleegd (of van een strafbaar feit worden verdacht) terechtkunnen. Die deels-openafdeling in Den Dolder krijgt de naam Roosenburg. In de periode dat

Michael in deze kliniek verblijft, vindt een bestuurlijke fusie plaats en wordt de naam veranderd in FPA Utrecht. Momenteel hebben zowel Reinaerde, Altrecht als de FPA Utrecht patiënten op de Hoeve in Den Dolder.

De moord op Anne Faber en het verblijf van Michael op de Hoeve is niet de eerste keer dat Den Dolder negatief in het nieuws komt. In de jaren zeventig rukten televisieploegen ook al uit naar de bossen om verslag te doen van wat bekend is komen te staan als de 'Dennendal-affaire'.

Het begint in maart '71 met een grote kop van *De Telegraaf* op de voorpagina van het ochtendblad: DEN DOLDER DRAAIT DOL DOOR KABOUTERS. De aanleiding voor het verhaal is het overlijden van een bewoonster, die in bad was verdronken. De Kabouterbeweging van de bekende ex-provo's Roel van Duijn en Robert Jasper Grootveld was een jaar eerder neergestreken in Den Dolder, tot groot genoegen van psychiatrisch directeur Carel Muller. Die wilde een andere manier van benadering voor de patiënten. Hij ziet ze als pupillen, die je niet moet wegstoppen in een bos, maar in een samenleving moet laten groeien als mens. Die integratie noemt Muller 'verdunning'.

Met de hulp van kopstukken uit de Kabouterbeweging gaat de organisatie van Dennendal volledig op de schop. In de antiautoritaire visie van Muller moet de macht niet slechts bij een paar mensen worden neergelegd. Macht wordt een taboe en in januari '71 gaat de organisatiestructuur ook formeel op de schop: de gezamenlijke verantwoordelijkheid ligt nu bij de twaalf stafleden. Die gezamenlijke verantwoordelijkheid is belangrijk, schrijft een van de stafleden in een artikel. 'Spreiding van macht en verantwoordelijkheid, de democratische inrichting van Dennendal, is een logisch gevolg van en een voorwaarde voor de benadering van zwakzinnigen als echte mensen. Naar mijn ervaring hebben veel tegenstanders dit verband niet gezien. Sommigen maakten zich boos op een soort anarchisme in Dennendal, scholden ons uit voor communisten en maatschappijcritici. Dat kan allemaal waar zijn, maar de meeste anti-Dennendallers getuigden met hun etiketteringen niet van inzicht in het verband tussen humanisering en democratisering.'

In het geruchtmakende artikel van *De Telegraaf* wordt de suggestie gewekt dat de dood van de vrouw te wijten is aan bestuurlijke problemen bij Dennendal. Maar ook de vrije seks, het toegestane drugsgebruik en de vrijheden die de patiënten niet aankunnen hebben daaraan bijgedragen, beweert de krant. De dood van de vrouw is reden genoeg voor het instellen van een commissie van overheidswege. Die stelt vast dat er sprake is van nonchalance bij de leiding. De Willem Arntsz Stichting, waaronder Dennendal dan nog steeds valt, ziet geen andere oplossing dan het wegsturen van Muller. Ook worden nieuwe stafleden toegevoegd aan het personeelsbestand van Dennendal. Die stap wordt niet geaccepteerd door de anarchistische Dennendal-medewerkers. In januari ’74 roepen zij een onafhankelijk Nieuw-Dennendal uit. Die situatie blijft een halfjaar bestaan: in juli ’74 wordt Dennendal ontruimd door de ME. De patiënten worden naar andere instellingen overgebracht. Na de spectaculaire ontruiming doet het personeel nog verwoede pogingen op andere locaties met Nieuw-Dennendal verder te gaan. Dat mislukt faliekant. De stichting Nieuw-Dennendal wordt op 1 november 1974 opgeheven.

Na de Dennendal-affaire blijft het jarenlang relatief rustig rond de Willem Arntsz Hoeve. Het dorp Den Dolder vergroeit met de psychiatrisch patiënten, die dagelijks door het dorp lopen. ‘Als iemand in een winkel staat te schreeuwen is dat vervelend, maar het hoort er een beetje bij,’ zegt Jan Scherphuis van de Belangenvereniging Den Dolder in *Trouw*. De inwoners van Den Dolder hebben een dikke huid en kunnen veel hebben. Ze worden er soms zelfs mee gepest, met het feit dat ze wonen in ‘het gekkendorp’. In de regio is ‘een enkeltje Den Dolder’ een gevleugelde uitspraak tijdens een flauw pesterijtje. Maar ook de tolerante houding van Den Dolder heeft zo zijn grenzen. Zeker als er rond 2000 veel meer verslaafden hun weg vinden naar de behandelpaviljoenen in Den Dolder. Het zorgt voor nieuwe problemen.

RARE FIGUREN MET ALUMINIUMFOLIE, schrijft *de Volkskrant* in 2005 boven een reportage. In het artikel klagen bewoners over het alcohol- en drugsgebruik van patiënten. Ze zorgen voor veel overlast op de twee perronnetjes van station Den Dolder, waar ze drugs gebruiken of blikjes goedkoop bier wegdrinken. Ook lokale ondernemers klagen steen en been. De supermarktmanager van de plaatselijke Albert Heijn kan er niet meer tegen. 'Verslaafde psychiatrisch patiënten in zijn winkel die soms ineens uit hun dak gaan, het personeel verrotschelden of bier stelen... Dit kan echt niet meer zo.'

Dat de grens is bereikt wil Altrecht ook zelf best toegeven. ALTRECHT BELOOFT DEN DOLDER MEER AANDACHT, schrijft het *Algemeen Dagblad* in 2007. In de krant geeft de toenmalige bestuursvoorzitter Armand Höppener toe dat Altrecht de aandacht voor de leefbaarheid in Den Dolder heeft laten verslappen. 'We hadden de communicatie vergeten, de situatie was ons ontglipt.'

Het jaar 2008 is voor Altrecht en voor de forensisch-psychiatrische zorg in Nederland in het algemeen een belangrijk jaar. Door een stelselwijziging wordt de doelgroep die op de Hoeve verblijft 'zwaarder'. Meer veroordeelde patiënten met veelal grotere psychiatrische en psychologische problemen vinden door deze wetswijziging hun weg naar de klinieken in Den Dolder. Ook veroordeelden die in de detentiefasering zitten kunnen met deze wetswijziging naar de afdelingen in Den Dolder. Detentiefasering is een voorbereidingsperiode tussen de tijd in de gevangenis en de tijd ná de straf. In deze detentiefasering werken veroordeelden aan een terugkeer in de samenleving. Deze fasering zou de resocialisatie moeten bevorderen. Deze groep zorgt voor problemen bij behandelaars, want vaak hebben zij in de gevangenis niet of nauwelijks behandeling gehad voor de problemen waarmee ze kampen. Bovendien gaat het in dit geval ook – maar niet uitsluitend – om zware misdadigers, die heftige strafbare feiten hebben gepleegd.

De veranderingen en de komst van nieuwe patiënten met grotere problemen worden niet breed uitgemeten in de pers. De gevolgen daarvan halen de media wél. OVERLAST CLIËNTEN ALTRECHT HOUDT AAN, meldt het *AD Utrechts Nieuwsblad* in november 2012. In het artikel komen bezorgde bewoners en ondernemers aan het woord. Ze vertellen over incidenten variërend van winkeldiefstal, agressie en zakkenrollen tot vechtpartijtjes in winkels. De lokale slager is niet blij met de zware gevallen in zijn dorp. 'Als er beveiliging is, worden ze weggejaagd. Maar zodra de beveiliging weg is, zitten ze er weer. Ze hangen altijd rond bij het bankje, hier voor de deur. Er zitten cliënten bij die volgens mij nog niet helemaal klaar zijn voor de samenleving.'

Altrecht belooft beterschap en zegt meer beveiliging in te willen zetten. Maar juist op de beveiliging bezuinigt Altrecht in deze jaren fors. In 2013 zorgen de voorgenomen bezuinigingen voor grote onrust bij het personeel. Het *AD Utrechts Nieuwsblad* krijgt er lucht van en schrijft over de 'ramkoers', die Altrecht volgens het personeel zou voeren. In totaal wil Altrecht voor een bedrag van 9 miljoen euro bezuinigen. Ruim 150 medewerkers zouden in dat geval op straat komen te staan.

Binnen Altrecht is er veel weerstand tegen de plannen. Zij vrezen voor 'de veiligheid van patiënten' als de plannen niet worden teruggedraaid. Red Spelt is witheet als hij hoort van de plannen. En hij is niet de enige. Spelt staat sinds 2000 aan het hoofd van de beveiligingstak van Altrecht. Hij is het niet gewend dat zijn werkgever hierop beknibbelt. Spelt kan zich nog goed herinneren dat zijn bestuursvoorzitter in het *Algemeen Dagblad* toegaf dat de veiligheid was verslonsd. Daarna wordt er doorgepakt. Bosschages in de bossen worden gekortwiekt, om meer zicht in de Hoeve te creëren. Er wordt meer verlichting gebouwd. En er komt een permanente toezichthouder in het dorp Den Dolder, die dagelijks door het dorp loopt en contact onderhoudt met ondernemers en bewoners. Maar veel belangrijker nog is de rol die de beveiliging speelt in die tijd. De mannen en vrouwen die voor Spelt werken, kennen vrijwel alle cliënten die er rondlopen. Ze horen veel en kunnen wat ze horen doorspelen aan de behandelaars. Snode plannen kunnen zo in de kiem worden gesmoord. En behandelaars voelen zich relatief veilig, want de beveiligers zijn 24/7 op het terrein. Spelt heeft zeker dertig mensen voor zich werken.

Het plan van de Raad van Bestuur van Altrecht in 2013 is om op al dit soort zaken te bezuinigingen. Het gaat er bij Spelt niet in. Woedend stapt hij naar een lid van de Raad van Bestuur. Hij vindt de voorgenomen plannen onverantwoord en onveilig en laat dat ondubbelzinnig weten. 'Je speelt met de veiligheid,' zegt Spelt. 'Niet alleen met de veiligheid van cliënten, maar ook met die van het personeel. Van de mensen in Den Dolder. Van iedereen in de buurt.' Zijn collega's knikken instemmend. De reactie die hij krijgt verontrust Spelt behoorlijk. 'Het zal me een zorg wezen. Als ik het op papier maar heb geregeld,' krijgt hij terug van het bestuurslid. Voor Spelt is het dan genoeg geweest. Na ruim veertien jaar verlaat hij met een zwaar gemoed zijn geliefde werkplek en gaat met pensioen. Lijdzaam ziet hij toe hoe zijn zorgvuldig opgebouwde beveiligingstak wordt afgebroken. En wordt vervangen door ingehuurde beveiligers zonder specifieke kennis van forensische zorg of psychiatrie. Als dat maar goed gaat, denkt Spelt.

Ruim een jaar nadat de bezuinigingen effect beginnen te krijgen, in juli 2015, gaat het goed mis. De vuurwapengevaarlijke crimineel Ali B. uit Amsterdam (niet de rapper en cabaretier) ontsnapt uit de forensisch-psychiatrische kliniek Roosenburg. Ali is de broer van Anouar B., die in mei 2015 werd veroordeeld tot een levenslange gevangenisstraf voor zijn rol bij de dubbele liquidatie in de Amsterdamse Staatsliedenbuurt eind 2012. Ali werd niet veroordeeld voor een liquidatie, maar wel vanwege geweld en verboden wapenbezit. In de Roosenburgkliniek, die ook niet-gesloten afdelingen heeft, volgde hij een training om zijn agressieproblemen te beteugelen. Ontsnappen bleek hier kinderlijk eenvoudig: hij liep achter een groepje bouwvakkers aan. Twee maanden later werd hij door de politie ingerekend in Spanje.

Voor de medewerkers van Altrecht is de affaire rond Ali B. een eerste indicatie dat het zo niet langer goed gaat. De gemeente Zeist, waar Den Dolder onder valt, wordt pas twee dagen na B.'s vermissing geïnformeerd. 'Dat was vroeger niet gebeurd,' verzuchten verslagen oud-medewerkers thuis op de bank.

Na de aanhouding van Ali B. geeft Altrecht de regionale zender *RTV Utrecht* een kijkje achter de schermen, in een poging het beeld dat is ontstaan te kantelen. Maar of dat echt lukt? De mini-documentaire, die na de aanhouding van Michael P. opnieuw wordt uitgezonden, is met de kennis van nu wrang om te zien.

Een psychologe die aan het woord komt, geeft dubbele signalen af aan de kijkers. Ze vertelt eerst dat de mensen die in de kliniek verblijven er niet zonder reden zitten. 'Dan moet er toch echt iets ernstigs zijn misgegaan in je leven.' Ze vertelt dat in de kliniek wordt gewerkt aan de geleidelijke terugkeer van gevaarlijke personen in de maatschappij. 'De kunst is om ze heel geleidelijk naar buiten te laten gaan, waarbij we risico's goed inschatten. Daarbij gaan mensen soms best een bétje onderuit.' Omwonenden hoeven echter niet bang te zijn dat er iets gebeurt, zegt ze. 'Mensen die gevaarlijk zijn, gaan bij ons niet zomaar naar buiten.' Maar een paar momenten later waarschuwt ze alsnog. 'Ik denk niet dat je hier als vrouw in de avonduren alleen moet rondlopen.' Vanwege problemen met het vinden van geschikt personeel besluit de kliniek in 2016 om vijftien plekken niet meer op te vullen.

Het is januari 2017 als Michael voor het eerst voet zet in Den Dolder. Eind 2016 heeft de Penitentiaire Inrichting in Vught hem aangemeld voor de forensisch-psychiatrische instelling op de Hoeve in de bossen. Omdat de gevangenis in Vught onvoldoende zicht heeft op de persoonlijkheidsproblemen waar Michael mee kampt, voorziet de gevangenis problemen in de toekomst. Onbehandeld wil de gevangenis Michael niet terug de samenleving in sturen. Ook een verblijf in het penitentiair psychiatrisch centrum van de gevangenis, waar meer specialistische kennis aanwezig is, biedt geen nieuwe inzichten. En dus verhuist Michael naar Den Dolder. De gevangenis geeft een heldere opdracht mee: verricht een nieuw persoonlijkheidsonderzoek en ga Michael behandelen. Op die manier kan hij resocialiseren en werken aan een terugkeer in de samenleving. In het najaar van 2018 zou Michael zijn straf voor de dubbele verkrachting in Nijkerk voor twee derde hebben uitgezeten en zou hij vervroegd vrij kunnen komen. Maar zonder adequate behandeling is dat geen optie, meent de gevangenis.

In de Roosenburg-kliniek zitten ongeveer tachtig patiënten, waarvan de helft een justitiële titel heeft. Dat wil zeggen dat zij in de kliniek zijn omdat ze een strafbaar feit hebben gepleegd en behandeling nodig hebben. Het gaat dan bijvoorbeeld om gedetineerden die behandeling nodig hebben voor een verslaving aan drugs of alcohol. In Michaels geval gaat het om de eerder genoemde detentiefasering. Daarbij zitten gedetineerden het laatste gedeelte van de straf uit in een kliniek, waarbij ze behandeld worden.

Ook wordt er gewerkt aan resocialisatie en de terugkeer in de maatschappij. Een probleem waarmee de Roosenburg-kliniek kampt – net als andere vergelijkbare klinieken in Nederland – is dat de behandeling een vooraf bepaalde einddatum kent. Dat is namelijk het moment dat de (gevangenis)straf van de veroordeelde is afgelopen en hij of zij naar buiten mag. Dat is een verschil met tbs-klinieken, waar de rechter oordeelt over het al dan niet continueren of beëindigen van de behandeling. Behandelaars in de Roosenburg-kliniek hebben als gevolg daarvan te maken met een zekere mate van tijdsdruk. Formeel vallen verdachten als Michael P. onder de verantwoordelijkheid van de gevangenis die hen 'uitlenen' aan een kliniek. De gevangenis moet dan ook instemmen met behandelplannen en toegekende vrijheden.

Net als de andere gestraften begint Michael zijn verblijf in Roosenburg op de gesloten afdeling, de Entree. Hoelang patiënten hier verblijven verschilt per geval, maar in Michaels geval duurt het een maand. Mensen die met Michael in de kliniek hebben gezeten zeggen dat Michael zich van zijn beste kant liet zien. 'Hij wist heel goed dat als je het hier goed doet, je razendsnel allerlei vrijheden krijgt. Dat wilde hij dolgraag.' Na een maand op de Entree verhuist Michael naar het niet-gesloten gedeelte. Wel geldt er een avondklok. Voor 22.00 uur moet iedereen binnen zijn.

Hoe kom je de dag door in een forensisch-psychiatrische kliniek? Het beeld dat patiënten, ex-patiënten, medewerkers en ex-medewerkers schetsen van de periode waarin Michael in Den Dolder verblijft, is weinig rooskleurig. Er is weinig personeel en behandelingen komen niet van de grond. 'Het duurt soms echt maanden voordat er een behandelplan op tafel ligt. En als dat er dan is, dan wil het nog niet vlotten. De behandelaars zijn met te weinig om iedereen voldoende aandacht te geven,' zegt een patiënt. Ook strafrechtadvocaten klagen steen en been over behandelingen die niet willen vlotten.

Er zijn in de kliniek voldoende verleidingen. Drugs en alcohol zijn weliswaar verboden maar eenvoudig te krijgen. 'Drugs kopen is echt geen enkel probleem. Je hoeft het pand niet uit om drugs te halen. Het is eigenlijk standaard wel aanwezig in het gebouw. Controles zijn er amper,' vertelt een ex-patiënt met kennis van zaken. Drugsdealers lopen vrijelijk over de Hoeve. Ze weten haarfijn waar de trouwste klanten zich bevinden. 'De beveiliging is er niet of nauwelijks, dus daar hoef je ook niet bang voor te zijn,' aldus een patiënt. Soms laat de leiding van de kliniek urinecontroles uitvoeren, maar een positief plasje blijft vaak zonder echte gevolgen. Patiënten mogen bovendien een mobiele telefoon hebben. Michael heeft er zelfs twee. Hij stuurt er regelmatig onthoofdingfilmpjes van IS mee door naar zijn vrienden.

Hoewel Michael zijn best doet om van de drugs af te blijven en clean wil zijn, duurt het niet lang voordat hij toch voor de verleiding bezwijkt. Het valt ook niet mee in deze kliniek, waar drugs volop aanwezig zijn. 'Het is soms echt moeilijker om búíten drugs te krijgen dan binnen,' zegt een patiënt. En dus valt Michael na een paar maanden in de kliniek terug in zijn drugsgebruik. Ritalin is makkelijk verkrijgbaar in de kliniek, omdat het een medicijn is dat wordt voorgeschreven aan patiënten. Sommigen zien er handel in en verkopen de pillen aan medepatiënten. Michael weet wat voor effect het medicijn op hem kan hebben. Hij slaat de pillen stuk en snuift het gruis op. Het geeft hem een opgepompt en energiek gevoel en hij krijgt er een kick van. Maar het blijft niet bij ritalin. Michael valt ook terug op zijn cocaïnegebruik. In de kliniek maakt hij al snel vrienden, met wie hij naar manieren zoekt om aan drugs te komen. Tegen deze vrienden schept Michael op over zijn verleden als gewapend straatovervaller. Over de verkrachtingen rept hij met geen woord. Hij weet dat verkrachters niet geliefd zijn in de gevangenis of in een kliniek.

Naast de behandeling die Michael krijgt, heeft hij een

baantje in de groenvoorziening van de kliniek. Het valt onder de dagbesteding die de kliniek aanbiedt. Bovendien mag hij een avondopleiding tot hovenier volgen op het Wellantcollege in Houten. Daar gaat hij in de avonduren heen op zijn scooter, die hij samen met een vriend heeft gestolen en heeft opgeknapt.

Sinds Michael een scooter tot zijn beschikking heeft, gaat hij er regelmatig op uit in de omgeving van de kliniek. Bijvoorbeeld met zijn vriendin, een mede-patiënte van Marokkaanse afkomst. Ook zij is net als Michael niet vies van het snuiven van vergruisde ritalinpillen. Samen rijden ze vaak naar de Soesterduinen, om te chillen. Ook met andere vrouwelijke patiënten rijdt hij daar regelmatig naartoe, bijvoorbeeld om een joint te roken. Langzaamaan begint hij het gebied rond de kliniek goed te kennen.

Met zijn vriendin wordt het naarmate de tijd verstrijkt serieuzer. In de zomer komt ze er zelfs achter dat ze zwanger is van Michael. Dat nieuws verspreidt zich als een lopend vuurtje door de kliniek. Na de aanhouding van Michael meldt *De Telegraaf* zelfs op de voorpagina (KLINIEK SEKSWALHALLA VOOR MICHAEL P.) dat Michael een relatie zou hebben gehad met een medewerkster. Verschillende medewerkers en cliënten ontkennen dit met klem. Ook een onderzoek van de Inspectie kwam tot het oordeel dat dit een broodje aap is.

Hoewel Michael meedoet aan groepsgesprekken en gesprekken met psychiaters en psychologen komt zijn behandeling niet echt van de grond. Hij gebruikt drugs en gaat regelmatig met vrienden uit de kliniek op boevenpad. Ze slopen bouwmateriaal uit een leegstaand gebouw op de Hoeve en verkopen dat bij een opkoper in Soest. Betonscharen, messen, schroevendraaiers: Michael en zijn vrienden hebben er de beschikking over. Maar zijn behandelaars zien het niet. Sterker nog: men is tevreden over de vooruitgang die hij boekt.

Op vrijdag 29 september 2017, de dag van de moord op Anne Faber, is Michael gestrest. Twee dagen eerder heeft zijn vriendin een twintigwekenecho laten uitvoeren en vanaf dat moment weet het koppel dat er een dochtertje op komst is. Michael zoekt zijn toevlucht in drugs. Vrijdagochtend snuift hij tien tot vijftien ritalinpillen. Daarna heeft hij een gesprek met een psycholoog, die niks doorheeft. 'Je zet gewoon een masker op,' zegt Michael daarover later. In het gesprek gaat het over het weekendverlof dat hij heeft aangevraagd om zijn vriendin te bezoeken. Zij verblijft inmiddels in een kliniek in Limburg.

In de dagen na de moord op Anne Faber heeft niemand in de kliniek ook maar enig idee dat Michael hierbij betrokken is. Laat staan dat hij en hij alleen verantwoordelijk is. Toch zijn er aanwijzingen, die opgepikt hadden kunnen worden.

Michael komt nadat hij Anne heeft verkracht, gedood en begraven pas na het verstrijken van de avondklok – om 22.00 uur – weer de kliniek in. Hij is vies, zit onder de modder en is bezweet. De nachtportier maakt er geen melding van. Later die avond, rond de klok van 23.00 uur, ontglipt Michael de kliniek opnieuw. Ditmaal om spullen van Anne te laten verdwijnen op verschillende plekken in de regio. Midden in de nacht keert hij pas terug in Den Dolder. Een dag na de moord zegt Michael zich rustig te voelen. In WhatsApp-gesprekken schrijft hij zich te vervelen. Ben op de afdeling. Is saai. Vanmiddag naar me ma, ff eten. Daarna naar me pa, stuurt hij aan een vriendin. Deze vriendin is gepakt met drugs en moet verplicht op haar kamer blijven. Oké, dat is kut. Maar zo is het leven, reageert Michael.

De nonchalance in zijn WhatsApp-gesprek de dag na de moord op Anne lijkt te duiden op een nietsontziende moordenaar die zich geen moment druk maakt over de gevolgen van zijn daden. Maar in werkelijkheid is Michael bloednerveus. Hij is bang gepakt te worden. Op zijn computer tikt hij in Google verschillende zoektermen in, die verraden dat hij zich grote zorgen maakt: 'landen zonder uitlevering', 'landen waar je makkelijk een paspoort krijgt', 'hoelang blijft DNA goed', 'seks met een lijk' en 'Anne Faber'. Ook zoekt hij op Google naar manieren hoe hij zichzelf van het leven kan beroven.

Michael gebruikt veel cocaïne. Het zorgt voor achterdocht. Volgens vrienden in de kliniek maakt hij in die dagen 'een doorgesnoven indruk'. Een paar dagen na de moord op Anne zien andere patiënten hem met een mes door de tuin van Roosenburg rennen. Michael ziet imaginaire ninja's, die hem iets willen aandoen. Met het mes gaat hij ze te lijf. Behandelaars zien het niet, en het incident wordt pas bekend als het *AD Utrechts Nieuwsblad* erover publiceert. Ook gaat Michael in deze dagen veelvuldig naar de Wallen in Amsterdam waar hij seks heeft met prostituees. Zijn behandelaars hebben niets door. Op maandag 9 oktober komt daar een einde aan, als de politiebussen de Hoeve op scheuren en Michael door een arrestatieteam wordt afgevoerd.

7

DE RECHTSZAAK

Hester Leepel zet haar rode bril recht op haar neus, leunt voorover op het spreekgestoelte en kijkt de verdachte streng aan. De officier van justitie laat een stilte vallen voor ze haar vraag op Michael afvuurt. 'Ik ga het u nog een keer vragen. Vanwege de nabestaanden. Vanwege de familie. Waar zijn de sieraden van Anne?'

'Ik weet het niet,' zegt Michael snel. Leepels wangen bollen op. Dit is niet het antwoord dat ze wil horen. De tientallen journalisten die in de zaal zitten en verslag doen van het proces luisteren muisstil toe.

'Hoe kunt u dat niet weten? Die ketting heeft haar vader voor haar gekocht en die had een groeibriljantje. Een enorm dierbaar stuk.' Dan laat Leepel een nieuwe stilte vallen.

'Dat snap ik, maar ik heb ze echt niet gezien,' reageert Michael plots met overslaande stem.

‘Heeft u ze verkocht?’

‘Nee,’ zegt Michael.

‘Heeft u de sieraden van Anne dan verkocht voor ritalin?’ reageert Leepel weer.

‘Ik heb ze niet eens gezien,’ roept hij terwijl zijn stem opnieuw een octaaf omhooggaat.

Leepel gelooft er niets van. ‘Heeft u ze verkocht voor cocaïne?’

Michael zegt het niet te weten, tot frustratie van de officier en de nabestaanden van Anne Faber. ‘Ik heb die sieraden niet gezien. Echt niet.’

Het langverwachte strafproces tegen Michael start maandag 11 juni 2018 onder massale belangstelling van de landelijke media. Eindelijk zal duidelijk worden wat Anne Faber precies is overkomen op die fatale negenentwintigste september in 2017. En hoe dat heeft kunnen gebeuren.

De rechtbank Midden-Nederland, gelegen in het centrum van Utrecht, trekt twee dagen uit voor de rechtszaak. Om aan de belangstelling te kunnen voldoen, heeft de rechtbank de volledige vierde verdieping van het gebouw gereserveerd. In zaal I vindt het daadwerkelijke proces plaats: hier zitten de drie rechters, de griffier, twee officieren van justitie, de advocaten van Michael, de oom van Anne Faber en zijn advocate.

In zaal I is het druk. Er zitten tientallen journalisten van het *Algemeen Dagblad*, *De Telegraaf*, *NRC Handels-*

blad, *de Volkskrant*, NOS, RTL *Nieuws*, *Nieuwsuur* en *EenVandaag*. De meeste journalisten doen via Twitter live verslag van de zaak zodat de rest van Nederland geen moment uit de zittingszaal hoeft te misen. De bij het politieonderzoek betrokken rechercheurs nemen plaats. Hoofdofficier Jet Hoogendijk van het parket Midden-Nederland, eindverantwoordelijk voor het strafrechtelijk onderzoek, gaat achter in de zaal zitten. Ook zij wil deze belangrijke eerste procesdag van dichtbij volgen.

De nabestaanden van Anne zitten niet in de zaal. Zij volgen het proces in een afgezonderde zaal om op die manier ongehinderd alles te kunnen beleven. Tientallen familieleden, vrienden en bekenden van Anne kijken in deze zittingszaal via een videoverbinding naar wat zich enkele meters verderop afspeelt. Alleen Hans Faber, de oom van Anne, zit in zaal I.

Niet alleen vanuit de media is de belangstelling groot. De vermissing van Anne en de zoektocht waren groot landelijk nieuws. Honderden Nederlanders trokken eropuit om mee te zoeken. De publieke belangstelling voor de strafzaak tegen de man die wordt verdacht van het doden van Anne is dan ook groot. Veel bezoekers moeten genoegen nemen met een staanplaats.

Een verslaggever van het *AD Utrechts Nieuwsblad* informeert de bezoekers naar de reden dat zij aanwezig willen zijn. 'Ik woon niet zo heel ver van de plek waar Anne is vermoord en heb de politieacties en zoektochten van nabij meegemaakt. Een vriendin zocht mee. Ik ben hier voor Anne, terwijl ik haar niet ken. Dat is misschien vreemd. Maar ik wil dat ze weet dat ze geen nummer is. Dat ook mensen die haar niet kennen meevoelen,' vertelt Trude van Rijn, die daarmee een breed gedeeld gevoel lijkt te vertolken.

De klok slaat negen uur. Michael loopt door het gangetje dat het cellencomplex verbindt met de zittingszaal en treedt binnen. Hij kijkt bedeesd, heeft een bleek gezicht, draagt een blauw-wit geruit overhemd en een blauwe gebleekte spijkerbroek. Hij lijkt te zijn overvallen door de massale belangstelling. Het is warm in de zaal. Vanwege het mooie weer en de felle zon blijft de zonwering de hele dag naar beneden hangen.

Michael blijkt Michael blijkt een kleine, gedrongen, stevig gebouwde man te zijn. Hij schudt de handen van zijn advocaten Niels Dorrestein en Sander de Korte en gaat zitten. Twee agenten nemen achter de verdachte plaats. Dat is niet gebruikelijk, maar de beveiliging van de rechtbank wil geen enkel risico nemen. Als Michael om wat voor reden dan ook agressief wordt, kunnen de twee agenten ingrijpen. Bij de deur van de zaal zitten nog eens twee agenten.

Als drie rechters van de meervoudige kamer de zaal binnenlopen, gaat iedereen staan. Het proces kan eindelijk beginnen.

Rechtbankvoorzitter Stephan van Leeuwen opent de

zitting. Links van hem zit mr. E.H.M. Druijf, rechts van hem mr. J.A. Spee. Deze drie rechters vormen het college van rechters dat moet oordelen over de strafbare feiten waar Michael van wordt verdacht. Naast rechter Spee zit de griffier. Rechtbankvoorzitter Van Leeuwen wijst de verdachte op zijn rechten en daarna krijgen de twee officieren van justitie, Ronald Craenen en Hester Leepel, het woord. De ervaren aanklager Craenen vertelt waar Michael van wordt verdacht: moord, gekwalificeerde doodslag, vrijheidsberoving en verkrachting.

De eerste procesdag staat in het teken van het bespreken van alle feiten die het politieonderzoek naar boven bracht. Centraal staat de vraag of Michael met voorbedachten raden heeft gehandeld, of dat het verkrachten en vermoorden van Anne Faber is voortgekomen uit een impuls.

Om daarachter te komen wordt Michael een groot gedeelte van de dag scherp bevraagd door de drie rechters. Van Leeuwen waarschuwt de aanwezigen dat het verhoor zakelijk zal zijn, ondanks de soms gruwelijke details die besproken zullen worden. Maar in het kader van de waarheidsvinding kan het niet anders, zegt de rechter.

Van Leeuwen begint bij de bekentenis van Michael drie dagen na zijn aanhouding, toen hij vertelde waar het lichaam van Anne Faber lag. ‘Het was mijn geweten. Ik kon het niet langer volhouden, voor de nabestaanden en voor het slachtoffer zelf.’

Michael begint te vertellen en gaat terug naar vrijdag 29 september 2017. Rond de klok van 07.15 uur besluit hij op te staan en op pad te gaan, weg van de kliniek. 'Ik wilde een cadeau voor mijn moeder kopen, denk ik.' Daarna vertelt hij over zijn drugsgebruik van die dag. 'Ik heb die dag ook heel veel ritalinpillen genomen. Ik denk dat ik wel tien tot vijftien pillen heb gehad. Je hartslag gaat omhoog, je voelt je even lekker. Gewoon lekker in je vel. Op het begin is het fijn, maar op een gegeven moment word je achterdochtig.' Hij koopt de pillen voor dertig cent per stuk van een andere patiënt in de kliniek, die er een illegaal handeltje in heeft opgezet. De pillen slaat Michael stuk, vertelt hij, om daarna het gruis op te snuiven.

Rechtbankvoorzitter Van Leeuwen pakt regelmatig het dossier erbij en leest dan de onderzoeksbevindingen voor. 'Michael P. heeft deze vrijdag een gesprek met de psycholoog van de kliniek. Dat gesprek gaat onder meer over het nachtverlof dat hij binnenkort zal krijgen. Michael P. wil graag met zijn zwangere vriendin mee naar het ziekenhuis voor het maken van een twintigwekenecho. Heeft niemand dan door dat hij onder invloed is?' wil de rechter weten.

'Ik loog regelmatig tegen de behandelaars. Dan zet je gewoon een masker op. Om je eigen dingen te kunnen doen. Je blijft gewoon rustig, je doet gewoon je verhaal. Dit dat, zus zo,' antwoordt Michael. De psycholoog rapporteert uiteindelijk dat hij 'er goed bij zat'.

Michael P. graaft op verzoek van de rechtbank diep in zijn geheugen. Met zijn vriendin, die in Limburg woont, heeft hij die bewuste vrijdag contact via WhatsApp. Hij stuurt haar een bericht waarin hij schrijft dat zijn telefoon hapert en dat hij moeilijk bereikbaar is. Hij schrijft dat hij van plan is om naar de verjaardag van zijn moeder te gaan. Maar daar gaat hij niet heen.

'Was dat om uw vriendin erop voor te bereiden dat u lang niet bereikbaar zou zijn die avond en zij geen argwaan zou krijgen?' vraagt de rechtbankvoorzitter.

'Nee,' zegt de verdachte. 'Mijn telefoon haperde wel vaker. Mijn telefoon viel om de zoveel tijd spontaan uit.'

Van Leeuwen wijst Michael erop dat uit uitgebreid technisch onderzoek van de politie blijkt dat hij zijn telefoon handmatig moet hebben uitgezet. Zijn telefoon logt namelijk uit bij de dichtstbijzijnde telefoonmast. Dat kan alleen als de telefoon handmatig wordt uitgezet, want als een telefoon slechte ontvangst heeft, blijft er altijd contact met de zendmast. De telefoon van Michael maakt na 21.00 uur twee keer kort contact met de zendmast. Daarna gaat de telefoon weer uit de lucht, tot 22.30 uur.

De drie rechters blijven Michael ondervragen over dit heikele punt. Michael geeft geen sjoege, blijft bij zijn eerdere verklaring en zegt het ter zitting meermaals. Zijn telefoon heeft gehaperd omdat er geen dekking was. Van opzet is geen sprake.

Van Leeuwen laat het daarbij zitten en gaat verder

met de tijdlijn zoals de rechercheurs die in het strafdossier van Michael hebben gereconstrueerd. Van Leeuwen vertelt dat Michael aan het einde van die vrijdag naar een leegstaand bijgebouw op het terrein van de kliniek wil om daar sloopwerkzaamheden uit te gaan voeren. Dat doet hij vaker. Samen met twee andere cliënten sloopt hij materialen uit het gebouw om die later te verkopen bij een ijzerhandel in Soest.

Maar op vrijdagavond 29 september wil hij geen hulp, heeft Michael bij de politie verklaard. De opbrengst – hij hoopt op 60 euro – wil hij voor zichzelf houden om daarvan de treinreis naar zijn zwangere vriendin in Limburg te betalen.

De rechtbankvoorzitter citeert uit de verklaringen die Michael heeft afgelegd bij de politie en vertelt dat de verdachte zijn tas volstopte met de benodigdheden voor het sloopwerk: een mes, een betonschaar, tangen en schroevendraaiers. De tas met gereedschap legt hij in de opbergruimte van de scooter. Iets na vijven vertrekt hij op zijn scooter in de richting van Baarn, waar hij bij een onbemand tankstation tankt. De tas met spullen legt hij in het bos. Waarom doet hij dat? ‘Ik reed op een onverzekerde scooter. Het is niet handig als je dan gepakt wordt en die spullen bij je hebt.’

In de zaal loopt de spanning op. Van Leeuwen werkt toe naar het moment dat Michael en Anne elkaar tegen komen.

Op verzoek van de rechters beschrijft de verdachte gedetailleerd hoe hij met zijn scooter tegen Anne botst. 'Het zicht was slecht. Het regende en ik zag weinig. Ik draaide de weg op en opeens "poef".' Michael knalt tegen Anne, die van haar opoefiets valt. Hij ligt op de grond. De kap van zijn scooter is gebroken.

Van Leeuwen wil weten of de botsing wel echt toeval is. 'Heeft u haar staan opwachten?'

'Nee.'

'Het is wel mogelijk om daar iemand te zien aankomen.'

'Ik heb daar niemand aan zien komen. Ik had ook helemaal niemand verwacht op dat fietspad.'

'U heeft over dat moment van botsen het volgende verklaard: "Ik rij eruit met een grote bocht en ik kijk naar links, en ik klapte tegen Anne op. Met mijn zijkant tegen haar aan. Ik stapte af, zij was al opgestaan. Ik loop naar de scooter toe en de kap was al afgebroken en zo. Ik vroeg: gaat het en kunnen we het hierbij laten want die scooter is onverzekerd. Ik wilde niet dat zij de politie ging bellen, want ik had al dat gereedschap".'

Michael licht toe: 'Ik had niet tegen haar gezegd dat die scooter onverzekerd was. Ik heb eerst gevraagd hoe het met haar ging. En daarna of het zo goed was.'

Van Leeuwen: 'U hebt verklaard dat u niet wilde dat zij de politie ging bellen. Dat u schrok van dat zij de politie wilde bellen. Dat u het mes in uw tas zag, en het eruit trok. Klopt dat?'

Michael knikt bevestigend.

Van Leeuwen citeert uit het verhoor: ' "Ik zei 'geef me die kankertelefoon' en die gaf ze me. Ik zei 'lopen lopen' en toen liepen we het bospad in." Waarom moest zij dat pad in?'

Michael: 'Omdat we op de weg stonden. Het kwam in me op.'

Van Leeuwen: 'Maar als uw doel is te voorkomen dat zij de politie belt, en u heeft die telefoon in handen, en u maakt hem kapot… dan hoeft u dat pad niet meer op.'

'Ik weet niet meer waarom het is gebeurd, maar het is gebeurd.'

Anne wil volgens Michael de politie bellen. Dat is zeer tegen zijn zin. Hij beveelt Anne haar telefoon af te geven, die hij later in twee stukken breekt. Waarom hij dat doet weet hij niet meer. Daarna dwingt hij haar het bos in, waar hij haar verkracht. Michael zegt zijn ondervragers dat Anne iets in hem triggerde. 'Je gaat me verkrachten, hè?' heeft Anne volgens de verdachte gezegd. 'Ik vroeg me af hoe ze dat kon weten,' zegt hij tegen Van Leeuwen. Daarmee doelt hij op zijn eerdere verkrachtingen in 2010. Rechtbankvoorzitter Van Leeuwen lijkt weinig van die uitspraak te begrijpen, afgaande op zijn gefronste wenkbrauwen.

'Het is een vraag die veel mensen bezighoudt. Waarom is dit gebeurd? Hoe kan het dat er alleen een aanrijding is… Dat u van tevoren geen enkele intentie had om wat dan ook te doen, behalve slopen. En dat dat kan uitmonden in deze strafbare feiten. En dan gaat het ook bijzonder om… wat gebeurt er nou op dat moment met z'n tweeën… u staat te praten over die aanrijding… en hoe het nou kan dat jullie nou ineens een pad in gaan?'

'Omdat ze de politie wilde bellen.'

'Maar dat kon ze niet meer.'

'Daarna niet meer, nee.'

'Klaar zou ik zeggen. Wegwezen. Waarom niet?'

'Had ik het maar gedaan.'

'Ja, dat is geen antwoord. Dat snap ik, dat u dat zegt. Maar toen heeft u de keuze gemaakt. En waarom?'

'Geen idee.'

In de ijzig stille zaal blijft Van Leeuwen aandringen. Zonder succes. Op zeer specifieke punten heeft Michael geen details paraat. Het lijkt erop dat hij acteert dat hij het niet meer weet, maar de rechters kunnen de vinger niet op de zere plek leggen. Toch blijft Van Leeuwen proberen. Zakelijk en kalm blijft hij zijn vragen stellen. Hij doet daarbij ook een beroep op het gevoel van Michael. Een vergeefs beroep.

'Ik weet het niet, ik weet het niet, ik weet het niet!' roept Michael dan met flinke stemverheffing. De spanning wordt hem soms te veel. De journalisten die achter hem zitten zien de aders in zijn nek zwellen. Zijn gezicht kleurt rood. Het wordt Michael niet makkelijk gemaakt door zijn ondervragers.

Nadat Michael weer is afgekoeld doet Van Leeuwen een nieuwe poging. Hij besluit terug te keren naar de 'trigger' van Michael. Was híj nou eigenlijk het slachtoffer, of begreep de rechtbank dat verkeerd? 'Waarom is zij iedere keer betrokken in uw verhaal als de trigger van uw handelingen die daarop volgen?'

'Omdat ik problemen heb.'

'Ik denk dat haar natuurlijke reactie zou zijn: ik sus dit gebeuren en ik ben zo snel mogelijk weg, want ik weet niet wat die man verder in de zin heeft.'

'Ze probeerde echt de politie te bellen.'

'En waarom eigenlijk? Wat zou ze daar dan mee bereiken?'

'Geen idee.'

'Of was ze toen al bang dat er iets met haar zou gaan gebeuren?'

'Nee, geen idee, ik weet het niet, ik weet het niet, ik kan niet in haar hoofd kijken.'

In het bos wordt Anne door Michael verkracht. Hij stopt daar pas mee als een paar meter verderop de bliksem inslaat. Het geeft Anne de kans zich te verdedigen. Ze weet het mes dat Michael in zijn broeksriem heeft verborgen te pakken en valt hem daarmee aan. 'Mijn klauw bloedde als de tering,' zegt hij daarover tegen de rechters.

Michael en Anne raken in een gevecht, waarbij hij Anne een vuistslag geeft en haar tegen de grond werkt. Vervolgens zet hij Anne zijn helm op, tilt haar op zijn scooter en rijdt door het bos. 'Ik was op zoek naar de manege. Daar wilde ik haar laten gaan.' Dat doet hij niet. Michael zegt dat hij de weg kwijtraakt. Hij rijdt minutenlang met Anne op de scooter door het bos en komt uiteindelijk terecht bij vliegbasis Soesterberg. Daar tilt hij naar eigen zeggen Anne over het hek heen. 'Ze kwam op haar beide voeten terecht. Ze stond.'

Van Leeuwen lijkt dat niet te geloven. Op de later gevonden kleding van Anne is geen bloed gevonden. En het zou logisch zijn als er bloed op haar kleding was gevonden. Want hoe kan Michael haar anders eigenhandig – terwijl zijn hand bloedde – over een hek tillen zonder bloed achter te laten op haar kleding.

Daarna vertelt Michael hoe hij Anne op het terrein van de voormalige vliegbasis om het leven brengt. In de muisstille zaal zegt hij dat het niet zijn plan was om haar te doden.

'Waarom haar niet gewoon laten gaan? Zij is over het hek. Laat haar gewoon gaan, denk ik dan.'

'Ik weet het niet.'

'U had toen gewoon weg kunnen gaan. De andere kant op. Weg. Waarom heeft u dat niet gedaan?'

'Had ik het maar gedaan.' En daarna: 'We kwamen over een hek heen… we lopen een eind verder. Op een gegeven moment begint ze te schreeuwen. Ik zeg "hou je bek, hou je bek, hou je bek". Ik werd agressief, boos. Dus ik pakte haar zo.'

'Met uw linkerhand pakte u Anne bij haar nek.'

'Toen op een gegeven moment stribbelde ze tegen. Dus ik liet weer iets los. Ik zeg "gewoon rustig, we gaan lopen, verder". Ze draait zich om en roept opeens "help,

help”. Dus ik pak haar weer vast. Dus ik zeg “hou nou je bek”. Ik kijk richting de uitgang en zie daar iemand langsfietsen. Ik zeg “hou je bek, hou je bek, hou je bek”. En we beginnen te rollen. Ik zag iemand langsfietsen, ik zag een lamp. En zij begon te schreeuwen. Dus ik zei “hou je bek”. Eerst zette ik de andere hand nog bij. Ik pakte het mes. Zij bleef schreeuwen.’

‘Ondanks dat u haar klemzette? Om de hals?’

‘Ja. Ik trek het mes uit mijn broeksriem. Ik wil hem zo voor haar houden. En, ik sneed eerst mijzelf. Ik schrok dat zij weer schreeuwde. En ik trok het mes erlangs. En toen… uhh… ik…’

Stilte.

Van Leeuwen: ‘Is het zo gegaan?’

‘Ja.’

‘Was u bang betrapt te worden door die fietser?’

‘Ik denk het.’

‘Is dat een ja of een nee?’

‘Ja.’

‘De politie vraagt u hoe vaak u het mes langs haar keel heeft gehaald. Er wordt gezegd dat dat meerdere malen is geweest. U zegt dat u het niet weet.’

Michael zegt dat hij met ‘een snelle haal’ Anne in haar hals snijdt. De verwondingen die door forensisch experts bij Anne zijn aangetroffen duiden echter op een veel gewelddadiger verloop. Michael zegt daar niets van te weten.

Na ruim twee uur ondervraging vindt de rechtbank

het tijd voor een schorsing. Michael wordt door de politieagenten weggebracht naar een cel in de kelder van de rechtbank, terwijl de drie rechters zich terugtrekken in de raadkamer. Alle andere aanwezigen sluiten aan in een lange rij bij de koffieautomaat buiten de rechtszaal. Vrijwel niemand drinkt die koffie op.

Twintig minuten later neemt Michael weer plaats in zijn stoel. Hij passeert Hans Faber, die uiterst links van hem zit. Rechtbankvoorzitter Van Leeuwen wil het verhoor van Michael hervatten, maar wordt dan onderbroken door advocaat Niels Dorrestein. Die richt het woord tot de rechtbankvoorzitter.

'Het is goed dat u kritisch ondervraagt. Maar het lijkt erop alsof u al conclusies heeft getrokken.' De zaal houdt haar adem in. Wil Dorrestein de rechtbank wraken? Dat zou betekenen dat het strafproces stil komt te liggen. In elk geval tot de wrakingskamer een beslissing heeft genomen. Tot opluchting van iedereen zet Dorrestein niet door. Hij laat het bij een waarschuwing voor Van Leeuwen: 'Wraking is niet chic.' Van Leeuwen op zijn beurt belooft op zijn woorden te letten. Michael lijkt tijdens het relaas van zijn advocaat niet echt op te letten. Hij heeft meer aandacht voor het systeemplafond van de zaal.

Het verhoor van Michael wordt na dit korte moment van spanning hervat.

Wat doet Michael nadat hij Anne heeft gedood?

‘Ik heb haar lichaam eerst onder bladeren verborgen en ben daarna naar de kliniek vertrokken.’

Bij de slagboom van de kliniek besluit Michael toch terug te keren naar het lichaam van Anne, vertelt Van Leeuwen. Michael snijdt de tiewraps van haar polsen los en trekt haar kleding uit. De rechtbankvoorzitter beschrijft met afschuw in zijn stem hoe Michael de tiewraps lossnijdt met het snijgedeelte van het mes naar de polsen gedraaid, in plaats van naar het plastic van de tiewraps. Michael hoort het onbewogen aan.

Vervolgens vertelt Michael hoe hij heeft geprobeerd om Anne te begraven. Dat lukt niet. ‘Te veel wortels.’ Daarna verplaatst hij haar lichaam naar een plek waar hij makkelijker een graf kan graven en bedekt haar met zand en bladeren. Vervolgens gooit hij op verschillende plekken spullen van Anne weg. Onder meer in Huis ter Heide – vier kilometer van de plek waar hij Anne heeft vermoord. Daarna gaat hij terug naar de kliniek.

Michael vertelt dat hij een dag na de moord, zaterdag 30 september, bij zijn moeder in Spakenburg gaat eten. Vanuit de kliniek in Den Dolder fietst hij in de stromende regen naar zijn moeder en vraagt haar auto te leen. Hij zegt haar niet dat hij die wil gebruiken om Anne in Zeewolde te begraven. ‘Ik dacht dat ze haar zouden gaan vinden. In Zeewolde ken ik de weg.’ Na een verkenning kiest hij voor een bosschage bij het Nulderpad. ‘En toen ging ik graven. Dat ging best makkelijk.’

Zodra het graven van een graf ter sprake komt, pakt

Van Leeuwen het dossier er weer bij en zoekt naar een getuigenis die een vriend van Michael heeft afgelegd. Deze vertelde de rechercheurs dat Michael hem had gevraagd hoe diep je moet graven om een lichaam te verbergen.

'Dat heb ik nooit gedaan!' roept Michael als hij geconfronteerd wordt met deze woorden.

Van Leeuwen gaat door met het beschrijven van de handelingen van Michael na het graven van de kuil. Voor het eerst horen de aanwezigen dat Michael geprobeerd heeft om zo veel mogelijk sporen te wissen. Hij blijkt het lichaam van Anne met bleekmiddel te hebben schoongemaakt.

'Hoe kom je hierbij... om haar schoon te maken met bleek?'

'Van CSI. Daar wordt gezegd dat je alles weg moet werken met bleek. Sporen, en alles wat eventueel naar mij kon leiden.'

'Wat deed dat met u? Legt u eens uit.'

'Het is moeilijk, ook om uit te leggen. Het is... verschrikkelijk.'

'Wat gaat er door je heen als je daarmee bezig bent?'

'Alles. Dat je gepakt wordt... de nabestaanden. Alles gaat door je heen.'

'Voelde u iets ten opzichte van haar... toen u zo bezig was?'

'Ja, verschrikkelijk.'

'Dan word je wel heel nadrukkelijk geconfronteerd met wat je gedaan hebt.'

'Ik heb het gedaan, ja.'

Wat doet Michael nadat hij Anne heeft begraven? Hij maakt de auto van zijn moeder schoon, gaat op bezoek bij zijn opa en oma en gaat op maandag 1 oktober naar Limburg. Daar bezoekt hij zijn vriendin en gaat mee naar het ziekenhuis om een echo te laten maken. Als hij ziet dat hij een dochter krijgt, ontstaat er kortsluiting in zijn hoofd. Van Leeuwen somt op wat Michael zelf heeft verklaard over de dingen die hij deed na dat voor hem belangrijke nieuws: veel cocaïne gebruiken en prostituees bezoeken op de Amsterdamse Wallen.

'Ik kreeg een terugval,' vat Michael zijn opmerkelijke gedrag samen.

Voor Van Leeuwen is dat het moment om een aantal opvallende citaten uit verklaringen van voormalige vrienden van Michael te delen met de verdachte.

'Hij fantaseerde erover een wijf te verkrachten.' 'Hij kon opeens agressief worden. Soms beet hij tijdens het stoeien opeens in je oor.' Volgens een medegedetineerde zei hij een keer: 'Als ik voor alles gepakt was wat ik heb gedaan, zou ik levenslang moeten hebben.' En tegen een andere medegedetineerde: 'Zodra ik mijn vrijheden heb, maak ik er één van kant.'

Michael reageert als door een wesp gestoken. Hij geeft toe soms agressief te kunnen reageren. Maar dat is het dan ook. 'Het stoort me wel dat ze dit soort dingen zeggen en dat het niet waar is. Die mensen willen gewoon het monster van Zeewolde slopen.' Dat een medegedetineerde verklaart dat Michael vaak onthoofdingsvideo's van IS bekijkt en ze ongevraagd doorstuurt, is volgens de verdachte niet van belang. 'Dat is galgenhumor.'

Na geconfronteerd te zijn met de getuigenissen gaan de drie rechters verder met een andere verdenking die er ligt tegen Michael. Op 8 februari 2018 gaat hij door het lint in het Pieter Baan Centrum. Hij is daar voor onderzoek en mishandelt drie begeleiders en twee beveiligers. Hiervoor wordt hij vervolgd. Veel tijd neemt de feitenbehandeling van deze verdenkingen niet in beslag.

Michael wordt voorgehouden dat hij agressief werd nadat medewerkers van het PBC hem erop wezen dat hij in een telefooncel te lang aan het bellen was. Hij moet een einde aan het gesprek maken, en snel een beetje. Maar daar geeft Michael geen gehoor aan. Er ontstaat een gevecht, waarbij hij twee medewerkers trapt, slaat en bijt. Nadat hij uiteindelijk wordt afgevoerd naar een isoleercel zingt Michael pesterig een liedje. *'I've had the time of my life'* galmt het door de gangen van het PBC.

Ook in de isoleercel gaat Michael tekeer. De verdachte schrijft met bloed op de muur en plakt de camera af die hem in de gaten moet houden. En als twee beveiligers de cel betreden, moeten ook zij eraan geloven. 'Ik maak je kapot, vuile kankerhond!' roept hij.

Heel veel meer heeft Michael niet toe te voegen, zegt hij tegen de rechtbankvoorzitter. Eén ding wil hij nog wel duidelijk zeggen. Hij heeft niet gebeten. 'Dat doe ik niet.'

De rechters vinden het tijd om de persoonlijkheidsproblemen van Michael te gaan bespreken met professionals. Psycholoog Jildou Heerschop en psychiater Ronald Rijnders van het PBC worden door de rechtbank de zaal in geroepen.

De twee hebben in opdracht van het PBC een lijvig rapport van 160 pagina's opgesteld over Michael en zijn geestesvermogens. De twee deskundigen zijn na een uitgebreid onderzoek van zes weken tot de conclusie gekomen dat Michael 'normaal intelligent' is, maar een zeer zwakke persoonlijkheidsstructuur heeft. Bovendien is hij vaak achterdochtig. Daarnaast lijdt hij aan zowel een borderline- als een antisociale persoonlijkheidsstoornis. 'Hoewel hij kenmerken vertoont van psychopathie, is hij geen psychopaat. Wel hebben we een ziekelijke verslaving aan alcohol en drugs vastgesteld,' concludeert Heerschop. 'Zijn drugsgebruik stimuleert de achterdochtigheid, wat weer agressief gedrag kan opwekken.'

Daarnaast heeft Michael P. een beperkt geweten, stelt Rijnders. 'Hij gaat achteloos voorbij aan belangen van derden. Hij handelt door intimidatie of slaan, om zijn positie duidelijk te maken.' Rijnders wordt door de rechtbank gevraagd een oordeel te vellen over het gedrag van Michael in de rechtszaal. 'Hij is nu heel rustig. Hij gedraagt zich normaal gesproken als een windvaantje dat met de stormen van maatschappelijk verkeer mee gaat.' Rijnders zegt te vermoeden dat Michael medicijnen heeft geslikt om rustig te blijven.

Psycholoog Heerschop vertelt, gevraagd naar de seksualiteitsbeleving van de verdachte, dat Michael goed heeft meegewerkt aan het algemene onderzoek. Toch heeft Michael geweigerd te praten over seks en de manier waarop hij seks beleeft. 'We proberen in zo'n geval over gewone seksuele zaken te praten om dan langzaam toe te gaan naar seksuele afwijkingen, maar dat lukte niet bij Michael,' aldus Rijnders. 'Hij ging dan aan zichzelf krabben, en bijvoorbeeld vragen wat we zelf dan allemaal uitspookten. Daarom kan ik het niet precies onderbouwen of hij een seksuele stoornis heeft.'

Een eventuele seksuele stoornis van Michael is belangrijk voor de onderzoekers, omdat een dergelijke stoornis van belang kan zijn in de behandeling die hij nodig heeft.

Dat Michael twee dagen voor de verkrachting van Anne nog seks heeft met zijn eigen vriendin, en daags na de verkrachting prostituees bezoekt, wekt in elk geval verbazing. Ook bij de onderzoekers. Rijnders: 'Dat is bevreemdend, maar we hebben dat niet goed genoeg kunnen onderzoeken. En daarom kunnen we er geen conclusies uit trekken.'

Voor de rechter is het vooral van belang om vast te stellen of Michael toerekeningsvatbaar is op de dag dat hij Anne Faber verkracht en om het leven brengt. De deskundigen nemen uitgebreid de tijd om uit te weiden over hun bevindingen, maar verliezen zich in precieze details.

‘Is er nou sprake van volledige toerekeningsvatbaarheid, of verminderde toerekeningsvatbaarheid?’ laat rechtbankvoorzitter Van Leeuwen zich ten slotte ontvallen.

Het komt neer op het volgende: als Michael de verkrachting en moord heeft gepland is hij volledig toerekeningsvatbaar. In het geval dat de rechtbank concludeert dat Michael in een impuls handelde, zal hij verminderd toerekeningsvatbaar verklaard moeten worden. Bovendien is de kans op herhaling dan groot.

Rijnders geeft de rechters mee dat het verstandig is dat de behandeling van Michael zo snel mogelijk start. ‘Bij een intensieve behandeling is een goed resultaat te verwachten. Borderline is goed behandelaar en heeft de neiging met de jaren te verbleken.’ Maar of de behandelaars Michael ooit genezen durven te verklaren, betwijfelt Rijnders. ‘De laatste verkrachting kwam voor zijn behandelaren als een volledige verrassing. Daarom zal men nu extra voorzichtig zijn om hem genezen te verklaren.’

Uiteindelijk geven Rijnders en Heerschop een unaniem advies aan de rechters: tbs met dwangverpleging.

De volgende dag belooft een emotionele te worden: vader Wim Faber en moeder Elze van Heeswijk krijgen het woord en maken gebruik van het spreekrecht voor slachtoffers. Op nadrukkelijk verzoek zal Michael de verklaringen niet aanhoren in de zittingszaal. De ouders van Anne willen niet in dezelfde ruimte zijn als de man die heeft toegegeven haar te hebben gedood. En dus luistert Michael vanuit een andere zaal via een geluidsverbinding naar de ouders van Anne.

In de muisstille zaal vertelt Van Heeswijk hoe moeilijk het is geweest om Anne te identificeren. De politie heeft hen voorbereid met foto's. Dat bleek niet voldoende. 'Toch moesten we elkaar vasthouden toen we haar zagen. Was dat onze dochter?' Ze vertelt dat Annes vriendinnen bang zijn om alleen te fietsen en om door het bos te lopen. Allemaal door het afschuwelijke gedrag van Michael, die bovendien geen volledige openheid van zaken heeft gegeven. 'Hij heeft gelogen. Hij geeft een mooiere verklaring voor de werkelijkheid.' Snikkend zegt Van Heeswijk het vreselijk te vinden dat de schuld voor zijn handelen door de verdachte in haar dochters schoenen wordt geschoven. 'Maar Anne heeft niks verkeerd gedaan. Hij was fout.'

Daarna gaat Annes moeder in op de straf die Michael in haar ogen moet krijgen. Vertrouwen in een goede behandeling zegt ze niet te hebben. Geloven in oprechte spijt doet ze evenmin. 'Ik kan me niet voorstellen dat iemand die zo gewetenloos heeft gehandeld spijt heeft. Tenzij hij actief is gestimuleerd om dat te zeggen. En waarvan heeft hij spijt? Dat hij hier zit? Of van zijn daad?'

Ondanks haar gebrek aan vertrouwen in een goede behandeling zegt Van Heeswijk zich te zullen neerleggen bij tbs. 'Er ontbreekt in mijn ogen een passende oplossing voor dit soort criminelen. Maar in combinatie met een celstraf van dertig jaar geeft het de beste garantie dat hij nooit meer op vrije voeten komt.'

Hierna krijgt Wim Faber het woord. Zijn stem klinkt kalm en onderkoeld en hij zegt dat hij het liefst zelf de mogelijkheid krijgt om Michael te straffen. 'Ik ben zo ontzettend kwaad. Mijn leven is verwoest. Er staan gelukkig mensen om mij heen die van mij houden. Dat geeft me de kracht om door te gaan.'

Na een korte stilte: 'Ik had hier niet hoeven staan. Is het zo moeilijk om te zeggen dat de rechtspraak heeft gefaald? En dat meneer Otte vooringenomen was?' Daarmee verwijst hij naar de uitspraken die voormalig rechter Otte in het verleden heeft gedaan over tbs. Otte, die Michael in hoger beroep veroordeelde tot elf jaar cel – en geen tbs, heeft in een interview verklaard weerzin te hebben tegen tbs. Volgens Wim Faber is hij daardoor bevooroordeeld en is dat de reden waarom Otte geen tbs heeft opgelegd aan Michael.

Daarna vertelt Faber dat hij niet gelooft dat de verdachte de vindplaats van Anne heeft opgebiecht uit medeleven met de nabestaanden. 'Het was gewoon ijskoude berekening, omdat hem werd gezegd dat dat strafvermindering zou opleveren. Als hij oprecht spijt zou hebben, zou hij mee hebben gewerkt aan het onderzoek. Mijn leven is ontdaan van de lichtheid, van haar sprankeling en de wil om oud te worden. Ik wens de rechtbank sterkte toe met de beslissing.'

Na deze emotionele verklaringen bedankt de rechtbank de vader en moeder van Anne Faber voor hun moed en kracht om deze verklaringen voor te lezen. Het woord is daarna aan advocaat Ruth Jager. Zij eist namens de ouders en de broer van Anne 40.000 euro shockschade per persoon. Daarnaast eist Jager een vergoeding voor de therapie die ze hebben ondergaan om het trauma te verwerken, de uitvaartkosten en voor de studievertraging die Annes broer heeft opgelopen.

De advocaat van de familie laat het ook niet na om op het manipulatieve karakter van de verdachte in te gaan. 'Vindt u het vreemd dat de familie van Anne niks gelooft van wat Michael P. vertelt? De verdachte is een zwaar gestoorde man aan wiens verklaring geen enkel geloof moet worden gehecht. Zijn behandelaren hadden niets door. Iemand schreef zelfs dat hij gemotiveerd was om van zijn drugsprobleem af te komen. Dat schreef ze op nadat Michael P. haar kamer binnenkwam vlak nadat hij zijn eerste vier ritalinpillen had gesnoven. Ze merkte niks.'

Na haar bijdrage besluit de rechtbank te schorsen. Daarna is het tijd voor het requisitoir van het Openbaar Ministerie. Met als sluitstuk de strafeis tegen Michael.

In ruim twee uur lopen officieren van justitie Hester Leepel en Ronald Craenen nauwkeurig langs al het verzamelde bewijs en houden dat tegenover de verklaringen die Michael heeft afgelegd. Leepel en Craenen zeggen die verklaringen niet te geloven, maar kunnen moord in juridische zin niet bewijzen. Er is onvoldoende bewijs dat Michael planmatig te werk is gegaan. Gekwalificeerde doodslag, het doden van een persoon om een ander misdrijf te verhullen, achten zij wel wettig en overtuigend bewezen.

De officieren van justitie bespreken ook de hardhandige arrestatie van Michael, die zijn arrestatie 'mishandeling' heeft genoemd. Op 18 januari heeft de verdachte aangifte gedaan van bedreiging en zware mishandeling door leden van het arrestatieteam.

Omdat het politieteam er altijd rekening mee heeft gehouden dat Anne mogelijk nog in leven zou zijn, is het besluit genomen om Michael P. te overrompelen in de hoop dat hij de vindplaats van Anne direct zou opbiechten. De commandant van het arrestatieteam kreeg een speciale opdracht mee: de verdachte mocht naar Anne worden gevraagd zonder dat hem werd gewezen op het recht te zwijgen en hij mocht zeer fysiek worden aangepakt. Ook kreeg de commandant toestemming om Michael met een gemuilkorfde politiehond te intimideren. Fysiek geweld was niet toegestaan.

Hoewel deze inzet officieel niet is toegestaan noemen de officieren de gekozen werkwijze in de rechtszaal niet disproportioneel. 'Het was een situatie op leven en dood,' zegt officier Craenen. 'Er is geen opdracht gegeven om strafbare feiten te plegen. In situaties op leven en dood is het geen schending van het mensenrechtenverdrag als een verdachte tijdelijk niet op zijn recht om te zwijgen wordt gewezen, en het tijdelijk zonder raadsman moet doen. De verdachte is niet geschaad in zijn recht op een eerlijk proces. Er is sprake geweest van enkele vormverzuimen, maar de zwaarte ervan weegt volstrekt niet op tegen de belangen die op het spel stonden.'

Het OM is duidelijk. De verdachte hoeft niet op strafvermindering te rekenen. Maar welke straf hangt hem dan wel boven het hoofd? Officier Craenen werkt langzaam toe naar de strafeis. De spanning loopt op. Hoeveel jaar celstraf zal het OM eisen?

'Niet alleen heeft de verdachte Anne van haar leven beroofd, hij heeft ook de levens van haar dierbaren verwoest. Het Openbaar Ministerie is van mening dat vanuit het oogpunt van de maximale beveiliging van de maatschappij de behandeling van de stoornis van verdachte bij de afdoening van deze zaak aan de orde moet komen en de strafoplegging daarop toegespitst moet zijn.'

Michael tikt zenuwachtig met zijn benen. De strafeis kan ieder moment worden uitgesproken.

'Wij houden rekening met de rapportage van het PBC en nemen de conclusies daarvan over. In die zin dat wij verdachte ten aanzien van de feiten licht verminderd toerekeningsvatbaar vinden. We sluiten ons aan bij het advies om hem in elk geval de maatregel van tbs op te leggen. Verdachte mag niet zonder behandeling terugkeren in de maatschappij. Hoewel, door ons overwogen, achten wij het eisen van tbs al vanwege de noodzaak van tbs met dwangverpleging niet aan de orde. Bij de huidige stand van de regelgeving komt het er bij die straf namelijk op neer dat na vijfentwintig jaar bezien moet worden of – en in hoeverre – verdachte in aanmerking zou kunnen komen voor enige vorm van re-integratie. Oplegging van een levenslange gevangenisstraf zou op lange termijn kunnen inhouden dat verdachte terugkeert in de samenleving, zonder adequate behandeling. Dit achten wij volstrekt onverantwoord, mede gelet op het feit dat verdachte zich ten tweeden male aan ernstige delicten heeft schuldig gemaakt. En ditmaal deze feiten heeft willen verhullen door zijn slachtoffer wreed te doden. De feiten vragen om een forse vergelding. Wij eisen een gevangenisstraf voor de duur van achtentwintig jaar met de aftrek van voorarrest, en daarnaast oplegging van de maatregel van tbs met dwangverpleging.'

Michael hoort het onbewogen aan. Hij toont geen emotie als hij hoort dat hij een groot gedeelte van zijn leven achter de tralies moet doorbrengen.

Na de pauze is het woord aan de advocaten van Michael. Sander de Korte neemt een aantal conclusies van het Openbaar Ministerie over. Hij acht net als het OM moord niet bewezen. De gekwalificeerde doodslag bestrijdt hij niet.

De Korte en zijn collega Dorrestein hekelen in hun pleidooi met name de aanhouding van hun cliënt. Die is niet volgens de regels gegaan en deze vorm van vormverzuim zal moeten worden meegenomen in de uiteindelijke straf, zo betogen zij. Ze willen een flinke strafkorting, zoals dat heet in juridische taal. Daarbij betogen ze dat in vergelijkbare strafzaken straffen vele malen lager zijn uitgevallen dan de achtentwintig jaar die het OM zojuist heeft geëist. Bovendien is Michael erbij gebaat snel te beginnen met zijn behandeling, stelt het duo. Omdat hij nog vier jaar moet uitzitten van zijn eerdere veroordeling begint zijn gevangenisstraf voor het doden van Anne Faber feitelijk pas over vier jaar.

Lang duurt het pleidooi van De Korte en Dorrestein niet. Uiteindelijk krijgt Michael het laatste woord. Een laatste kans om schoon schip te maken. 'Ik wil alleen zeggen dat ik verschrikkelijk veel spijt heb van mijn daden. Dat was het.'

Rechtbankvoorzitter Van Leeuwen sluit de zitting en daarmee komt een einde aan de rechtszaak. Michael schudt zijn advocaten de hand en loopt rustig mee met de politie. Rechtbankvoorzitter Van Leeuwen deelt de aanwezigen mee dat zijn rechtbank de tijd zal nemen om tot een uitspraak te komen. Pas over vier weken, en niet de gebruikelijke twee weken, spreekt de rechtbank haar vonnis uit.

Dinsdagochtend 17 juni stroomt de Utrechtse rechtbank weer vol. De familie en nabestaanden van Anne volgen opnieuw in een aparte zaal de zitting. Ook de media zijn wederom in groten getale aanwezig. De uitspraak wordt zelfs door verschillende websites live uitgezonden.

Iets voor de klok van tien uur loopt Michael de zaal in, vergezeld door de parketpolitie. De rechters komen tot een forse straf. Michael wordt achtentwintig jaar celstraf en een verplichte tbs-behandeling opgelegd. Bij het horen van zijn straf schudt hij soms heftig met zijn hoofd. Michael is het niet eens met de conclusies van de rechtbank. Daarnaast moet hij ruim 136.000 euro aan de familie Faber betalen. De overheid schiet dat bedrag voor.

Een week later laten de advocaten van Michael weten in hoger beroep te gaan. 'Ons pleidooi is op essentiële punten niet gevolgd.'

Voor de familie Faber is dit een klap in het gezicht. Het boek blijkt nog niet te kunnen worden dichtgeslagen.

8

WAT NU?

De persconferentie in het gemeentehuis van Zeewolde is afgelopen. Politiewoordvoerder Bernhard Jens legt nog een bemoedigende hand op de schouder van Hans Faber. Faber heeft als woordvoerder van de familie een korte verklaring afgelegd tijdens de persbijeenkomst, waarin bekend werd gemaakt dat het lichaam van zijn nichtje door de politie na dertien dagen zoeken was gevonden en geïdentificeerd. Hans Faber legt uit dat de familie Faber met veel vragen zit. 'Wat is er met Anne gebeurd? Waarom liep deze man vrij rond? Had deze verschrikkelijke gebeurtenis voorkomen kunnen worden? Helaas zullen we Anne met de antwoorden niet terugkrijgen.' Voor het gemeentehuis staan verslaggevers van het NOS *Journaal*, RTL *Nieuws* en *EenVandaag* in felverlichte camera's te kijken en doen verslag van wat ze zojuist hebben gehoord.

Nog geen halfuur na het einde van de persconferentie is er weer nieuws. Het ministerie van Justitie & Veiligheid kondigt verschillende onderzoeken aan. Minister Stef Blok (VVD) verschijnt niet voor de camera's, maar laat in het persbulletin weten geschokt te zijn door het nieuws dat Anne is vermoord. 'Dit is een vreselijk bericht en ik leef intens mee met de familie van Anne, haar vrienden en iedereen die dicht bij haar stond. Dit incident heeft mij en iedereen in Nederland ernstig geschokt.' Het nieuws en de omstandigheden hebben Nederland dusdanig getroffen dat het volgens het ministerie nodig is te onderzoeken wat er is misgegaan. 'Er zijn nu veel vragen over de achtergronden van deze zaak; over de verdachte en over de situatie in de kliniek in Den Dolder waar de verdachte verbleef.'

Blok kondigt twee concrete onderzoeken af. De Inspectie Veiligheid en Justitie onderzoekt de detentiefasering van Michael en de vrijheden die hij had in de kliniek. Detentiefasering is onderdeel van de straf en bereidt veroordeelden voor op de periode na de straf en dat kan – dus ook in Michaels geval – ook in een forensisch-psychiatrische kliniek. Tegelijkertijd gaat de Inspectie Gezondheidszorg en Jeugd onderzoek doen naar de omstandigheden en misstanden in de kliniek waar Michael verbleef. Later kondigt ook de Onderzoeksraad voor de Veiligheid een onderzoek aan, mede op stevig aandringen van burgemeester Koos Janssen van Zeist. De raad, met voormalig Nationaal Coördinator Terrorismebestrijding Tjibbe Joustra als voorzitter, doet een algemener onderzoek. De raad onderzoekt de re-integratie van tbs'ers en gedetineerden met een ernstige psychiatrische aandoening. De raad wil daarbij weten of er genoeg rekening wordt gehouden met de veiligheid van de samenleving.

De schok is groot bij het personeel van Roosenburg, de kliniek waar Michael verblijft. Er is veel ongeloof. Verder veel verdriet, woede en ook een gevoel van schuld. Heftige emoties. Dat er woedende telefoontjes binnenkomen helpt ook niet. Het personeel wordt door de telefoon uitgescholden door anonieme reaguurders. Iemand doet zelfs een bommelding. Voor het personeel is er professionele nazorg geregeld. Ondertussen gelast minister Blok een opnamestop. Een nieuw crisisteam voert een extra risicotoets uit op de patiënten, een extra toets op bestaande verloven en op nieuwe verlofaanvragen, met als resultaat dat er in allerijl drie patiënten naar andere klinieken worden overgeplaatst. Het zijn net als Michael veroordeelden van een zwaar delict. Niemand wil nu risico nemen. *Better safe than sorry*, is het motto nu. Het *Algemeen Dagblad* spreekt van een schoonveegoperatie. Een van de overgeplaatsten is bevriend met Michael. Zijn verhuizing is voor zijn eigen veiligheid, volgens medebewoners van Roosenburg.

Onderzoekers van de Inspectie gaan voortvarend aan de slag en nemen tussen half oktober en half november met ruim dertig personen interviews af over de situatie in de kliniek. Daarbij zitten mensen van de raad van bestuur, het management, de cliëntenraad, patiënten, medewerkers en politiemedewerkers. Het beeld dat eruit naar voren komt, is verontrustend en laat zien dat er van alles mis is in de kliniek.

Medewerkers van de kliniek maken zich grote zorgen over de personeelsbezetting in Roosenburg. Door ziekteverzuim (stress) en een groot aantal openstaande vacatures wordt zeker 12 tot 20 procent van alle diensten ingevuld door externe inhuurkrachten. En daar voelen de vaste begeleiders, behandelaars en verpleegkundigen zich allesbehalve veilig bij. Invallers kennen immers de gedragingen van de patiënten niet en herkennen op die manier niet wanneer er mogelijk gevaar dreigt. Voor hen is het duiden van hun gedrag veel lastiger. Bovendien blijkt dat de ingehuurde (en veelal jonge) mensen niet altijd goed getraind zijn op moeilijke situaties. Daarbij komt ook nog eens dat de invalkrachten ook niet alle taken mogen uitvoeren, zoals rapportages maken en medicijnen uitdelen. De werkdruk is hoog.

Medewerkers en patiënten vertellen de onderzoekers van de Inspectie ook dat zij zich zorgen maken over de veiligheid van zichzelf en die van patiënten. Uit de rapportage van de Inspectie: 'Roosenburg had tot 2015 de beschikking over beveiligers die continu aanwezig waren, zowel binnen de muren van Roosenburg als op het omliggende openbare terrein. De eigenaar van het terrein, Altrecht, heeft de beveiliging destijds vanwege bezuinigingen afgeschaft. Roosenburg heeft toen besloten om daarvoor in de plaats op het omliggende openbare terrein drie buurtcoaches aan te stellen.'

De leiding van Roosenburg is tevreden met de buurtcoaches, maar de medewerkers denken daar anders over. Zij geven te kennen de beveiligers te missen en zich regelmatig onveilig te voelen. Bovendien hebben de buurtcoaches, in tegenstelling tot de vroegere beveiligers, weinig tot geen kennis van de psychiatrie. 'De veiligheid is een groot issue hier. En die is momenteel niet gewaarborgd,' zegt een van de vaste medewerkers, die ongekend hard is voor Roosenburg. 'De ondergrens is al lang geleden bereikt. De kaasschaaf is te vaak gebruikt. Er kan niet nog meer worden bezuinigd.'

Voormalig hoofd van de beveiliging Red Spelt verwoordt het anders: 'Doordat er zo veel is wegbezuinigd bleef er veel minder kennis over de psychiatrie binnen de organisatie.' Hij verliet in 2014 het bedrijf omdat hij zich niet kon vereenzelvigen met het wegsaneren van zijn beveiligers. 'De veiligheid neerleggen bij de zorgmedewerkers, dat kan gewoon niet.'

Spelt krijgt veel steun van (oud)collega's. 'Er ontstond al snel een angstcultuur binnen de organisatie,' zeggen zij. 'Klagen over de veiligheid en de steeds maar uitholende zorg mocht niet.' Dat Roosenburg problemen heeft met het vinden van geschikt personeel gaat er bij medewerkers niet in. 'Geschikt personeel is er heus wel.

Tijdens de bezuinigingsoperatie is er rücksichtslos gesaneerd. Die mensen die ze nu zoeken hebben ze toen zelf ontslagen. Mensen gingen door het vuur voor deze organisatie. Dat is allemaal verloren gegaan.'

Ook het drugsgebruik is een groot probleem, horen de interviewers tijdens de gesprekken die ze voeren. Vooral het feit dat drugsdealers vrijelijk in de buurt van de Willem Arntsz Hoeve (het bosgebied waar de klinieken zijn gevestigd) kunnen rondstruinen is veel medewerkers bij Roosenburg een doorn in het oog. Maar niet alleen zij hebben hier last van. Ook de bewoners van Reinaerde – geestelijk gehandicapten – voelen zich hierdoor geïntimideerd en durven zich maar moeilijk buiten te begeven.

Daarnaast is het voor patiënten eenvoudig om binnen de kliniek aan drugs te komen, wat natuurlijk gevaarlijk is met psychiatrisch patiënten die veelal gevoelig zijn voor drugs en vaak verslaafd. Medewerkers zeggen zelfs te twijfelen aan de aanwezige deskundigheid binnen de kliniek om de verslavingsproblemen het hoofd te bieden. Hoewel er soms urinecontroles zijn en de kliniek een proef startte met een wangslijmproef, worden er veel drugs gebruikt. 'Het bestuur geeft aan dat de drugsproblematiek bij een aantal patiënten hardnekkig is,' schrijft de Inspectie met groot gevoel voor understatement.

Een veel groter en indringender probleem krijgt maar weinig aandacht in het inspectierapport, terwijl het van evident belang is voor klinieken als Roosenburg. Het speelt namelijk bij alle forensisch-psychiatrische klinieken in Nederland. 'Binnen Roosenburg worden veelal patiënten geplaatst met complexe psychiatrische problemen. Opname gaat in principe op basis van beoordeling van een selecte weergave van het dossier. De respondenten geven aan dat de zorgbehoefte van patiënten in de praktijk soms complexer blijkt te zijn dan op basis van het dossier kon worden ingeschat.' Roosenburg is namelijk net zoals andere forensisch-psychiatrische klinieken in principe verplicht om patiënten op te nemen. Enkele dagen voor de plaatsing krijgt de kliniek een uittreksel van het dossier van deze patiënt. Vaak zijn deze uittreksels niet volledig: anderhalf kantje, daar moet de kliniek het mee doen.

Eind november 2017 dient de Inspectie haar rapport met eerste bevindingen in. De rapportage komt hard aan bij het bestuur van Roosenburg. De Inspectie en minister Blok eisen als gevolg van de aangetroffen situatie dat Roosenburg een verbeterplan opstelt. Daar gaat de kliniek mee aan de slag. Zo worden er twee personeelswervers aangesteld die als een soort intermediair moeten functioneren, met als doel geschikte medewerkers te vinden. De kliniek opent ook een speciale vacaturesite en organiseert twee open dagen om zo snel mogelijk de openstaande vacatures in te kunnen vullen. Om de drugsproblemen in de kliniek tegen te gaan wil de kliniek ook investeren. Zorgmedewerkers extra scholing aanbieden op het gebied van verslavingszorg bijvoorbeeld. En het is de bedoeling dat er meer verslavingsexperts in de behandelteams actief zullen zijn. Controles op drugsgebruik zullen worden opgeschroefd, kondigt de kliniek aan. Er wordt gesproken over een zerotolerancebeleid als het gaat om drugs.

'We willen het vertrouwen graag herwinnen,' zegt een woordvoerder van de kliniek in de media. 'Alle zorgprofessionals, het management en het bestuur voelen een grote verantwoordelijkheid om dit plan succesvol uit te voeren, om zo beter onze maatschappelijke taak te kunnen vervullen.' In samenspraak met de gemeente en de politie wordt bovendien besloten meer politie in te zetten in de buurt van de Hoeve. Het moet ervoor zorgen dat bewoners en omwonenden zich veiliger voelen. En drugsdealers moeten niet meer vrijelijk in de buurt van patiënten kunnen dealen.

Het door Roosenburg ingediende verbeterplan kan op de waardering van de Inspectie rekenen. En ook de invulling ervan, die door de Inspectie nauwlettend wordt gemonitord, wordt in eerste instantie positief ontvangen. 'Het plan is duidelijk en resultaatgericht, met een gedegen opzet voor interne monitoring op de uitvoering. Verder achten wij het positief dat u het plan tot stand heeft laten komen op basis van brede consultering van medewerkers, patiënten en andere betrokkenen,' schrijft de Inspectie eind januari 2018.

Een halfjaar later, in juli 2018, rapporteert de Inspectie over haar tussentijdse bevindingen. 'De Inspectie is positief over de getoonde inzet door de leiding van de kliniek, maar concludeert ook dat er nog veel moet gebeuren. Zo wil Roosenburg dat 95 procent van haar vacatures is ingevuld, maar dat is nog niet gelukt. 'Er is verbetering in de bezetting van de roosters, maar de formatie is nog niet op orde. Desondanks is de personele bezetting met name kwalitatief nog kwetsbaar. De nieuw geworven medewerkers en tijdelijke krachten hebben nog niet de kennis en ervaring van de huidige medewerkers, dat vergt tijd en inzet. De Inspectie volgt dit punt.' Roosenburg is inmiddels ook gestart met het bijscholen van haar personeel, met name in het handelen bij agressie bij patiënten. Ook zijn er 'opfristrainingen' met betrekking tot verslavingszorg – zo zou het personeel beter moeten herkennen wanneer patiënten in de weer zijn met drugs.

Maar in augustus 2018 krijgt Roosenburg een nieuwe klap te verduren.

Het *Algemeen Dagblad* publiceert op de voorpagina een artikel over de voortdurende problemen met drugs in de kliniek. Het drugsgebruik is ondanks een verbeterplan van de kliniek niet verminderd, zeggen patiënten in de krant. Sterker nog, het is *business as usual.* 'Het enige wat is veranderd, is dat de dealers hier niet meer op het terrein rondlopen. Daar speelt de nieuwe beveiliging een rol in. Tegenwoordig pakt iedereen de trein naar Bilthoven om daar drugs te halen. Speed werd mij per post toegezonden. Ook het gebruik van en de handel in ritalin is aan de orde van de dag,' vertelt een cliënt. De handel in ritalin is opvallend, omdat ook Michael zich schuldig maakte aan deze schimmige deals, binnen de poorten van de kliniek.

'Op patiënten bij wie geen ADHD is vastgesteld en die geen ritalin nodig hebben, heeft het gebruik van ritalin dezelfde oppeppende effecten als het gebruik van speed. En het is sneller uit je bloed, dus dat heeft zeker voordelen,' zegt een patiënt.

Het aangekondigde zerotolerancebeleid is er niet. 'Het gebruik van drugs en de handel erin is nog steeds aan de orde van de dag,' zegt een patiënt die ook vóór de aanhouding van Michael in de kliniek verbleef. 'Na zijn aanhouding kondigde de leiding aan dat er een zerotolerancebeleid zou komen en dat alle patiënten streng zouden worden gecontroleerd op drugsgebruik. Er werden zelfs kamercontroles en controles met drugshonden aangekondigd. Die zijn er nog nooit geweest.'

De publicatie is voor de kliniek reden tot écht stevigere maatregelen. De drugscontroles worden inmiddels opgevoerd, onder meer door drugshonden in te zetten. Bij veel patiënten die niks met drugs te maken willen hebben, wordt dat enorm toegejuicht. Medewerkers bekijken de veranderingen met gemengde gevoelens. 'Ik ben er in 2015 uitgejaagd toen er hard gesneden werd in de organisatie. En nu kon ik op stel en sprong ineens terugkomen. Hadden ze dat nou niet eerder kunnen bedenken? Het is de wereld op z'n kop,' zegt een zorgmedewerker die inmiddels weer aan de slag is bij Roosenburg. 'Ik heb hart voor dit vak en voor de patiënten. Dat gaat dieper dan de wrok die ik koester tegen de organisatie en de leiding.'

De Inspectie is eind 2018 tevreden over de verbeteringen in de kliniek en de pogingen om het personeelsbestand op orde te krijgen. Dat lukt de kliniek steeds beter. 'De inspecties delen het voorzichtige optimisme in de tweede voortgangsrapportage. De implementatie van de verbetermaatregelen is gestart, maar de inspecties onderstrepen ook dat het werk nog niet is gedaan. De uitdaging is om de stijgende lijn die is ingezet de komende periode vast te houden en de uitgezette maatregelen te bestendigen.'

De schokkende moord op Anne Faber en de collectieve woede over de omstandigheden waaronder dat gebeurde hebben een aantal belangrijke veranderingen in het Nederlandse strafrechtsysteem in een stroomversnelling gebracht.

De regelgeving rond het wel of niet opleggen van een tbs-maatregel kwam na de moord op Anne opnieuw fel en heftig in de maatschappelijke discussie terecht. De Tweede Kamer riep op tot strengere regels en stelde dat rechters makkelijker tbs moeten kunnen opleggen aan verdachten die weigeren mee te werken aan een onderzoek bij het PBC. De Kamer steunde een oproep van PVDA en VVD aan minister Sander Dekker (VVD, Rechtsbescherming) om te onderzoeken of en hoe rechters aan tbs-weigeraars alsnog een 'terbeschikkingstelling' kunnen opleggen.

Verdachten hebben het recht medewerking aan een persoonlijkheidsonderzoek te weigeren – bij wet is vastgelegd dat een verdachte niet hoeft mee te werken aan zijn eigen veroordeling. Tussen 2002 en 2017 weigerde 39 procent volledig en 12 procent gedeeltelijk mee te werken aan het onderzoek. Uit recente cijfers blijkt dat een derde van de tbs-weigeraars alsnog tbs krijgt opgelegd door de rechter, bijvoorbeeld op basis van andere rapporten of eerdere veroordelingen.

En toch moet het anders, vindt ook het PBC. Er is een speciale observatieruimte opgetuigd met als doel weigerende verdachten alsnog te kunnen onderzoeken. De verdachten worden op deze afdeling zwaarder geobserveerd dan een controlegroep van verdachten op een reguliere afdeling. De proef duurt van april 2017 tot april 2018; in totaal gaat het om 47 verdachten.

In februari 2019 brengt het Wetenschappelijk Onderzoek- en Documentatiecentrum (WODC) de eerste resultaten naar buiten. En die zijn positief. Bij 49 procent van de deelnemers in de proef kon een stoornis worden vastgesteld, tegenover 34 procent in de controlegroep. Van 23 procent kon worden gezegd hoe groot de kans op herhaling was, bij de controlegroep was dat 11 procent. Het WODC spreekt van een 'voorzichtig positief effect', en zet de proef door tot 2020. Minister Dekker is blij met de voorlopige resultaten. 'De lessen van de weigerafdeling worden tevens toegepast op de overige afdelingen van het PBC. Iedere observandus – niet alleen de hardnekkige weigeraar – krijgt in het vervolg te maken met een intensief observatieklimaat. Daardoor vergroten we de onderzoeksopbrengst bij alle observandi en verkleinen we het risico dat een justitiabele niet de behandeling krijgt die nodig is,' schrijft hij in een brief aan de Tweede Kamer.

De moord op Anne Faber lijkt er bovendien voor te hebben gezorgd dat rechters meer tbs zijn gaan opleggen. Uit cijfers van de Raad voor de Rechtspraak blijkt dat rechters in 2016 in totaal 171 keer tbs oplegden. In 2017 steeg dat aantal naar 205. In 2018 steeg dat aantal nog veel verder door naar 237. 'Het is een forse stijging. Ik had al het gevoel dat rechters vaker tbs gaven, maar dit blijkt ook uit de cijfers. Een mogelijke verklaring is dat rechters zich sinds de moord op Anne Faber realiseren dat er veel meer mogelijk is dan zij aanvankelijk dachten,' zegt Job Knoester, voorzitter van de vereniging voor tbs-advocaten.

Nederland hoort bij de strengst straffende landen van Europa. Zo is levenslang in Nederland, in tegenstelling tot veel andere landen, ook daadwerkelijk levenslang. Ons systeem kent echter ook de voorwaardelijke invrijheidsstelling. De voorwaardelijke invrijheidstelling houdt in dat een veroordeelde na het uitzitten van twee derde van zijn gevangenisstraf onder bepaalde (strenge) voorwaarden kan vrijkomen. De voorwaardelijke invrijheidstelling geldt uitsluitend voor gevangenisstraffen van minimaal één jaar. De belangrijkste voorwaarde ligt voor de hand: geen strafbare feiten plegen. Andere voorwaarden kunnen zijn: een contact- of locatieverbod, een meldplicht bij de reclassering of een behandelverplichting.

In mei 2018 stuurt minister Dekker zijn wetsvoorstel naar de Tweede Kamer. Criminelen die zijn veroordeeld tot minimaal zes jaar cel moeten niet meer automatisch na twee derde van hun straf vrijkomen. In het voorstel, dat ook werd aangekondigd in het regeerakkoord, staat dat voorwaardelijke invrijheidstelling maximaal twee jaar voor het eind van de straf kan beginnen. De bestaande regels dragen volgens Dekker niet bij aan het rechtsgevoel van mensen. 'Het idee dat iemand achttien jaar krijgt opgelegd en na twaalf jaar alweer vrij is, begrijpen mensen niet. Dat is ook niet goed,' zegt hij bij de NOS. Volgens de minister is het voorwaardelijk vrijkomen een automatisme geworden. 'Je moet je voorwaardelijke invrijheidstelling echt verdienen. Dat is helemaal niet gek, want dan leren gevangenen dat goed gedrag ook binnen de muren van de gevangenis loont en dat slecht gedrag wordt bestraft.' In het nieuwe plan wordt er individueel getoetst of een gevangene in aanmerking komt voor vervroegde vrijlating. Dekker: 'Er wordt gekeken naar de hele periode die je vastzit. Hoe heb je je gedragen tegen het personeel en medegevangenen, heb je drugs gebruikt of dingen naar binnen gesmokkeld.'

Dekker oogst met zijn voorstel veel kritiek, met name vanuit de advocatuur. Jeroen Soeteman, voorzitter van de Vereniging voor Strafrechtadvocaten verwoordt de kritiek in de media als volgt: 'Als iemand nu achttien jaar krijgt, dan weten rechters echt wel dat dat eigenlijk twaalf jaar is. Daar houden ze rekening mee. Dekker wil dat achttien jaar zestien jaar wordt. Dat is in feite de straf verhogen. Dekker zegt dat hij de huidige wet niet aan slachtoffers kan uitleggen. Nou, ik wel: het heeft te maken met de resocialisatie daarna.' Soeteman meent dat een deel van de straf gericht moet zijn op de periode erna. 'Iemand weer klaarmaken voor de samenleving en de kans op recidive zo klein mogelijk maken. De huidige wet moet beter worden uitgelegd. Met de nieuwe wet worden mijn cliënten korter begeleid en is de kans op recidive groter.'

9

HOGER BEROEP

Een week na de veroordeling door de rechtbank tot achtentwintig jaar celstraf en tbs, besluit Michael in hoger beroep te gaan. De rechtbank oordeelde hard over Michael. 'De manier waarop hij is omgegaan met het lichaam van Anne geeft blijk van een volledig gebrek aan respect voor zijn medemens, vergaande berekening en uitzonderlijke gewetenloosheid.'

Toch is de opgelegde straf te hoog, menen zijn advocaten. Michael is het daarmee eens. 'Op een aantal essentiële onderdelen is het verweer van de verdediging niet gevolgd. Zo is het door de rechtbank geconstateerde vormverzuim met betrekking tot de aanhouding niet gesanctioneerd,' stellen zijn advocaten Niels Dorrestein en Sander de Korte. Zij vinden dat de hardhandige manier waarop Michael door de politie is aangehouden moet doorwerken in de opgelegde celstraf. Immers, de rechtbank heeft geoordeeld dat de aanhouding niet volgens de regels is verlopen.

De advocaten van Michael staan de media vrijwel niet te woord, maar in een zeldzaam interview met *NU.nl* gaat advocaat Dorrestein iets dieper in op de redenen om toch in hoger beroep te gaan. 'We zijn van mening dat het de rechter is die het geweld van de politie moet sanctioneren, omdat het anders een precedentwerking heeft voor andere verdachten. Dat vinden we belangrijk, dat er een signaal uitgaat naar politie en justitie. Zij zijn professionals en hebben zich ook aan de regels te houden.' Als het aan Dorrestein had gelegen, was er geen hoger beroep nodig geweest. 'Wij hebben zelf ook gehoopt dat het hoger beroep er niet zou komen. Het is voor iedereen, vooral voor de nabestaanden, maar ook voor de cliënt, een heftige zaak en je hoopt gewoon dat je niet in hoger beroep hoeft. Maar soms is het niet anders.' Op de vraag of hij en zijn collega De Korte aan Michael het advies hebben gegeven in hoger beroep te gaan wil Dorrestein niets zeggen.

Bij de nabestaanden komt het besluit om in hoger beroep te gaan hard aan. 'Wat ons betreft, is het terecht dat de rechtbank een zware straf heeft gegeven. Wij betreuren dit besluit en gaan ons nu voorbereiden op het hoger beroep. Het is helaas niet anders,' aldus oom en woordvoerder Hans Faber.

Sébas Diekstra, de advocaat van Annes vriend Nathan,

is ook teleurgesteld. 'De rechtsstaat geeft de mogelijkheid tot hoger beroep. In dit geval vind ik het persoonlijk zeer spijtig dat er gebruik van wordt gemaakt bij een bekend, bewezen en zeer ernstig strafbaar feit. Gevoelsmatig getuigt het van een extreem gebrek aan respect en empathie richting de nabestaanden, die hierdoor afgeleid worden van de poging tot verwerking van dit immense trauma.'

Het hoger beroep start 29 november 2018 in het Gerechtshof in Arnhem. Het proces moet in een hoger beroep in zijn geheel over. Dat betekent dat zowel het Openbaar Ministerie als de verdediging kan vragen om nieuw onderzoek. Net als tijdens het eerste proces in deze zaak is Michael er bij de inleidende zittingen niet bij. De advocaat-generaal trapt het hoger beroep af door te eisen dat Michael opnieuw naar het PBC gaat. Niet om een nieuw persoonlijkheidsonderzoek te doen, maar om meer duidelijkheid te krijgen over Michaels seksualiteitsbeleving. Daarover heeft Michael tijdens zijn verblijf – en ondanks zijn medewerking – niets willen vertellen.

Advocaten Dorrestein en De Korte geven op hun beurt aan in totaal nog eens acht personen te willen verhoren: zes personen van politie en justitie, burgemeester Koos Janssen van Zeist en twee getuigen die zich na de veroordeling van de moordenaar van Anne Faber hebben gemeld. Onder de zes personen bij politie en justitie vallen onder meer hoofdofficier Jet Hoogendijk, zaaksofficieren Ronald Craenen en Hester Leepel en de leden van het arrestatieteam dat Michael aanhield. De advocaten van Michael benadrukken opnieuw dat de grondrechten van hun cliënt ernstig zijn geschonden. Bovendien is er over de werkwijze (bij aanhouding direct naar Anne vragen, niet wijzen op zijn rechten) niks op papier gezet. Dat zou bewust gebeurd kunnen zijn, omdat de agenten wisten dat die afspraken tegen de regels zouden zijn. Ook maken Dorrestein en De Korte kenbaar dat zij een artikel 12-procedure zijn begonnen, om zo bij het Gerechtshof af te dwingen dat het Openbaar Ministerie de agenten vervolgt die Michael tijdens de aanhouding zouden hebben mishandeld. Eerder heeft het OM besloten om de agenten niet te vervolgen. Michael en zijn advocaten willen dat nu alsnog afdwingen door een gerechtelijk bevel.

De advocaat-generaal is niet onder de indruk van het pleidooi van de twee raadsleden. Hij verzet zich wel hevig tegen het verhoren van officieren en politiemensen. 'Het is Michael P. en hij alleen die hier terechtstaat. De agenten waren bezig met een kwestie die het land al dagen in de ban hield. Toen de verdachte werd aangehouden, was er hoop dat Anne Faber nog in leven zou zijn. Iedere minuut telde. Deze zaak gaat niet over grensoverschrijdend gedrag van agenten, maar over het onvoorstelbare leed dat Anne Faber en haar dierbaren is aangedaan.'

De twee andere getuigen die het advocatenduo wil horen zijn twee getuigen die zich na de veroordeling van Michael pas hebben gemeld. Een van deze getuigen beweert dat hij, enkele maanden voordat Anne Faber werd verkracht en gedood, met Michael door het bos liep, waar ze een joggende vrouw zagen. Michael zou toen gezegd hebben: 'Zullen we haar pakken? Maar dan moeten we haar daarna wel doden.' Een andere getuige zou, op het moment dat Anne werd vermoord in de buurt van Soesterberg, geschreeuw van mensen hebben gehoord – gevolgd door een ijzingwekkende gil. De advocaat-generaal noemt de eerste getuige relevant, de tweede niet.

In december 2018 reageert het Gerechtshof op de onderzoekwensen van het Openbaar Ministerie en de verdediging. De wens van de advocaat-generaal om Michael wederom naar het PBC te sturen wordt ingewilligd, net als het verzoek om de getuige die Michael had horen vertellen over het verkrachten en vermoorden van een joggende vrouw. De verzoeken om de top van het Openbaar Ministerie en politieagenten te horen wijst het Gerechtshof af.

Het hoger beroep wordt gevoerd in mei 2019. Michael blijft tot die tijd in de gevangenis.

10

LESSEN VOOR DE TOEKOMST

‘De raadsheren hadden kritischer moeten zijn. Met een meer kritische opstelling was het wel mogelijk geweest tot onderbouwing van een stoornis te komen, daarvan ben ik overtuigd. Er zijn zo veel aanknopingspunten om vragen aan de deskundigen te stellen, maar nergens lees ik dat er vragen werden gesteld. Een kritische houding ten opzichte van de vaststelling dat er geen stoornis was vast te stellen omdat P. niet meewerkte, zie ik evenmin. De moord op onze Anne had voorkomen kunnen worden. Daarvan ben ik overtuigd.’

Het citaat is van Wim Faber, de vader van Anne, in een open brief aan Rinus Otte, gepubliceerd in *de Volkskrant*. Faber stuurt de brief in mei 2018, kort voordat de strafzaak tegen Michael voor het verkrachten en doden van Anne Faber begint. Otte was de voorzitter van het college van rechters dat in het hoger beroep in 2011 de lagere straf (elf jaar celstraf in plaats van zestien) uitsprak. Ook legde het gerechtshof Michael toen geen tbs op. Volgens het gerechtshof, volgens de advocaat van Michael, maar ook volgens het Openbaar Ministerie, waren er geen goede rapportages beschikbaar op basis waarvan een ziekelijke stoornis vastgesteld kon worden. En zonder stoornis, geen tbs. Tegelijkertijd stond er wel in een reclasseringsrapport dat het recidiverisico, de kans op herhaling, juist groot zou zijn.

De kritiek van Wim Faber richt zich ook op Rinus Otte persoonlijk. Otte is inmiddels geen rechter meer, maar heeft plaatsgenomen in de landelijke leiding van het Openbaar Ministerie. 'Ik acht u, als voorzitter van het hof, in belangrijke mate verantwoordelijk voor het falen van de rechtsgang van destijds, en ik vind dat u uw huidige functie als procureur-generaal moet neerleggen in het belang van de geloofwaardigheid en het vertrouwen in de rechtspraak.'

Otte heeft zich in het verleden negatief uitgelaten over tbs, en sprak over de 'groeiende afkeer van behandelen' die bij hem groeide. Faber wil weten in hoeverre die opvattingen een rol hebben gespeeld in de besluitvorming. Otte heeft aangegeven niet te willen meewerken aan dit boek. Wel geeft hij in *NRC Handelsblad* een interview ter promotie van zijn eigen boek. In dat interview reageert Otte voor het eerst op de kritiek van Faber.

'Op grond van het raadkamergeheim mag ik inhoudelijk niets over deze zaak zeggen. Maar ik wil wat kwijt over dingen die geschreven zijn. Zo werd er gezegd dat het een gerechtelijke dwaling was. Maar een gerechtelijke dwaling gaat nooit om de hoogte van de straf. Er was zestien jaar opgelegd, wij legden elf jaar op. De Hoge Raad heeft onze uitspraak ook bekrachtigd. Ik heb samen met mijn collega's het systeem toegepast zoals het systeem is.'

Otte blijft – ondanks de harde kritiek van Wim Faber – bij de beslissing die hij heeft genomen in het hoger beroep. 'Voor tbs heb je een stoornis nodig. Daar waren geen rapporten over. Tbs opleggen zonder psychiatrische en psychologische rapporten is verboden. Het is wel mogelijk om tbs op te leggen als de verdachte niet meewerkt aan onderzoek door een psychiater en psycholoog, maar dan moeten er oudere rapporten zijn uit eerdere strafzaken. Die waren er niet, omdat hij niet eerder zo'n misdrijf had gepleegd.' Daarnaast geeft hij aan dat hij de aanvankelijk opgelegde straf te hoog achtte. 'Als je de oriëntatiepunten voor een twintigjarige jongen – een *first offender* bovendien – bekijkt, dan was dit een aannemelijke strafmaat. Maar ik snap heel goed dat vader Faber daar niks voor koopt.'

Desondanks heeft de harde aanval van Faber hem veel pijn gedaan. 'Wat me enorm raakt is de suggestie dat ík eigenlijk zijn dochter heb vermoord. Dat doet echt pijn. Ik kan me niet verdedigen. Bovendien hélpt er geen enkele verdediging. Wát ik ook zou zeggen tegen Annes vader, ik krijg dat nooit uitgelegd. Vanuit zijn verdriet is het nooit genoeg. En dat begrijp ik als vader heel goed.'

Na de moord op Anne Faber barst in Nederland een heftige en stevige discussie los over het strafrechtsysteem en de werking daarvan. De petitie ANNE FABER DOOD DOOR SCHULD RECHTSSYSTEEM is duizenden keren ondertekend door woedende Nederlanders. Initiatiefnemer Lydia de Jong biedt de petitie in de Tweede Kamer aan minister Blok van Veiligheid en Justitie aan.

Nederland zit vol vragen. Hád Michael tbs moeten krijgen voor de dubbele verkrachting? Wat moeten we in dit land met dit soort verdachten? Hoe gaan we om met verdachten die weigeren mee te werken aan een psychologisch onderzoek bij het PBC, waardoor het opleggen van tbs weer wordt bemoeilijkt? Hoe kan het dat zulke gevaarlijke verdachten in halfopen inrichtingen verblijven? En wat is er mis met die klinieken? Hoe zit dat? En de belangrijkste vraag: hoe kon dit gebeuren? Had Michael tbs kúnnen krijgen voor de dubbele verkrachting in Nijkerk?

Hjalmar van Marle is emeritus-hoogleraar forensische psychiatrie en was in het verleden geneesheer-directeur van het PBC. Hij is ook verbonden geweest aan de Utrechtse tbs-instelling Van der Hoeve. Van Marle heeft eerder bij *Nieuwsuur* gezegd dat tbs wel degelijk opgelegd had kunnen worden. 'Volgens de wet mag een rechter zelf concluderen dat iemand een psychische stoornis heeft. Hij laat zich daarvoor natuurlijk het liefst adviseren door een psychiater en psycholoog. Helemaal gezien de feiten van P. in 2010 had de rechter in dit geval tbs kunnen opleggen en wat mij betreft meer moeten vertrouwen op een onderbuikgevoel of zijn ervaring. Hij had beter moeten beseffen hoe bizar het delict was.'

Inmiddels is Van Marle veel minder stellig. 'Het blijft een afweging van de drie rechters die beslissen. Rechters willen geen witte jas aantrekken, ze willen niet op de stoel van de dokter gaan zitten. Achteraf is het makkelijk praten en is het gemakkelijk om te stellen dat zijn gedrag zo bizar was dat tbs een optie was. Maar bizarre gedragingen zijn op zichzelf geen stoornis.' Dat zelfs Van Marle twijfelt en niet direct ja of nee durft te antwoorden geeft aan hoe genuanceerd het vraagstuk is.

'Achteraf is het makkelijk praten, zeker met het comfort van de kennis van nu,' zegt hoogleraar Reclassering Peter van der Laan dan ook terecht.

Jan-Jesse Lieftink is een bekende strafrechtadvocaat met als specialisatie tbs. Hij legt uit dat rechters weliswaar een stoornis moeten vaststellen, maar dat die stoornis niet per se vastgesteld moet zijn in een rapportage. 'Die vaststelling dat bij Michael P. sprake was van een stoornis kun je als rechter natuurlijk overal vandaan halen. Als die maar aannemelijk is. Het kan ook bizar gedrag zijn dat de verdachte heeft vertoond tijdens het plegen van het delict. Dat gedrag kan zo bizar zijn dat er welhaast íéts met de verdachte geestelijk aan de hand moet zijn. Dat bizarre gedrag kan bijvoorbeeld ook tot uiting komen in de dagen voorafgaand aan het delict. Getuigenverklaringen en verklaringen en gedrag van de verdachte tijdens de politieverhoren kunnen daarbij van belang zijn.' Hij verwijst daarbij naar een zaak uit 2011, waarbij ook tbs werd opgelegd aan een verdachte zonder onderliggende rapportages. Die zaak is tot aan de Hoge Raad en het Europese Hof voor de Rechten van de Mens in stand gebleven.

Juridisch zijn er twee standpunten als het gaat om de vraag of Michael tbs had kunnen (en moeten) krijgen. 'De eerste zegt dat er geen rapportages waren waarop de rechters een stoornis konden baseren,' zegt Theo de Roos, emeritus-hoogleraar strafrecht aan de Tilburg University. 'Ik ben zelf geneigd voor het tweede standpunt te kiezen. Dat is iets rekkelijker. Natuurlijk, er moet wel íéts zijn. Een oude rapportage bijvoorbeeld. En allerlei signalen dat de verdachte niet deugt. Dat moet dan niet worden weersproken, uiteraard. Als het strafbare feit dan zo heftig is, dan zouden rechters tbs op moeten leggen.'

Henny Sackers, hoogleraar sanctierecht aan de Radboud Universiteit, denkt dat als de 'Nijkerk-zaak' anno 2019 had gespeeld, Michael zeker tbs had gekregen. 'Inmiddels is er wel het een en ander veranderd. Door jurisprudentie en uitspraken van de Hoge Raad is het nu wel mogelijk en vooral juridisch geoorloofd om tbs zonder onderliggende rapportages op te leggen. Had de Nijkerk-zaak in 2019 gediend, dan was er waarschijnlijk wel tbs opgelegd.'

Een belangrijke aanvulling in dit geheel is dat ook het Openbaar Ministerie geen tbs tegen Michael meende te kunnen eisen – vanwege het ontbreken van de rapportages. 'Alleen omdat hij heeft geweigerd mee te werken aan het onderzoek in het PBC, is een eis waarvan tbs een onderdeel is niet mogelijk. Terwijl de feitendat zeker wel zouden rechtvaardigen,' stelde het OM in de Nijkerkse strafzaak.

Concluderend is vast te stellen dat Michael P. voor de gewelddadige verkrachting van twee jonge meiden tbs had kúnnen krijgen. Het OM had tbs kunnen eisen, maar voelde zich niet vrij door het ontbreken van onderliggende stukken. Het had echter wel gekund. Ook had de rechtbank tbs kunnen opleggen. Echter, juristen beriepen zich in 2011 nog op het standpunt dat als er geen rapportages waren, tbs niet kon. Anno 2019 is er wat dat betreft veel veranderd. Mede door de casus van Michael P.

Wat moet Nederland met dit soort verdachten, die 'tbs-waardig' zijn, maar niet in een tbs-kliniek behandeld worden? Michael komt vanwege zijn weigering mee te werken bij het PBC in het gangbare gevangenisregime terecht. Geen tbs, maar 'gewoon' in een reguliere gevangenis. Met de kennis van nu is Michael zonder twijfel 'tbs-waardig' te noemen. Inmiddels is bij hem een omvangrijke persoonlijkheidsstoornis vastgesteld. Het roept de vraag op wat de samenleving aan moet met verdachten met wie, net zoals met Michael P., 'iets aan de hand is'.

Accepteren dat we niet in een risicoloze samenleving wonen is misschien nog wel het beste idee, stelt Van Marle. 'Nederland zou solidair kunnen en moeten zijn met de rest van de wereld. Dat klinkt misschien gek, maar het is zo dat ieder land op de wereld last heeft van dit soort mensen. En dat blijft altijd, waar ook ter wereld, een probleem. Al sinds de doodstraf is afgeschaft worstelen we met de vraag hoelang je sommige mensen in de gevangenis moet willen houden.'

Dat lijkt wat al te makkelijk. Er moet toch meer mogelijk zijn?

In goede voorlichting aan verdachten is veel winst te behalen, denkt Van Marle. Zij zouden moeten weten dat het juist goed is om mee te werken aan een onderzoek bij het PBC, omdat zij er uiteindelijk zélf beter van worden. Op die manier is misschien te voorkomen dat er nog veel méér personen tbs zouden moeten krijgen, maar dat toch ontlopen. Ook De Roos denkt dat dit kan bijdragen aan een veiligere samenleving. Strafrechtadvocaten zouden hier een rol in moeten spelen. 'Zij zouden hun cliënten beter moeten uitleggen hoe belangrijk het kan zijn om wel mee te werken. Uiteindelijk wil de verdachte toch ook graag verder met zijn leven? En als dat betekent dat behandeling nodig is – en die slaat aan – dan is dat voor de verdachte heel positief. Ook de samenleving is daarbij gebaat.'

Uiteindelijk heeft Nederland internationaal gezien

een luxepositie met het rechtssysteem dat we hebben. Lieftink: 'In de landen om ons heen gaan mensen met een persoonlijkheidsstoornis de gevangenis in en komen zonder behandeling weer buiten. Nederland is hierin uniek, want wij Nederlanders willen voor alle problemen een oplossing. Maar voor sommige problemen ís er simpelweg geen totaaloplossing. Dat is misschien niet populair om te zeggen, maar het is wel de realiteit.' Van Marle verwijst in dat kader naar België, dat geen tbs kent of psychiatrische klinieken heeft voor veroordeelden. Nu worstelen de Belgen met Marc Dutroux. 'De eindtijd van zijn celstraf komt in zicht, maar hij heeft geen behandeling gekregen. Simpelweg omdat de Belgen geen systeem hebben zoals wij. Logisch dat er heisa ontstaat bij de Belgen als hij onbehandeld vrijkomt.'

Ondanks die luxepositie blijft het extreem lastig om goede beslissingen te nemen als het gaat om dit soort verdachten. In het geval van Michael P. gaat het om iemand die in staat is mensen te manipuleren en behandelaars om de tuin te leiden. 'Bij dat soort mensen is het extreem lastig om vast te stellen of hij écht iemand om de tuin leidt. Daar kun je alleen proefondervindelijk achter komen, door iemand langzaam te laten wennen aan bepaalde vrijheden. Beginnen met een begeleid verlof, en goed in de gaten houden hoe deze persoon hier mee omgaat,' stelt advocaat Lieftink.

Hoogleraar De Roos: 'Het is en blijft vreselijk moeilijk

om dit soort risicotaxaties te maken. Dat zal altijd zo blijven.'

Want uiteindelijk gaat het om de vraag of verdachte *bad* of *mad* is, stelt De Roos.

Van Marle: 'Dat is uiteindelijk de afweging waar het om gaat. Rechters moeten erachter komen of een verdachte een boef is, of dat de verdachte verminderd toerekeningsvatbaar is vanwege een ziekte of stoornis. Dat blijft ook in de toekomst verschrikkelijk moeilijk.'

Twintig jaar geleden was het simpel. Als een officier van justitie in een strafzaak de woorden 'Pieter Baan Centrum' liet vallen wist de verdachte het al: tbs hangt in de lucht. En als je daar geen zin in had, weigerde je als verdachte simpelweg mee te werken. Tbs was dan niet mogelijk. Inmiddels is er heel wat veranderd, mede door de strafzaken waar Michael bij betrokken is geraakt. Maar wat moet er gebeuren met verdachten die weigeren mee te werken aan een onderzoek bij het PBC?

Er is een proef gestart, tussen april 2017 en april 2018, om onderzoekweigeraars in een aparte vleugel te observeren. Ook verblijven ze daar langer, zodat psychologen en psychiaters meer dan vroeger in staat zijn een eventuele stoornis vast te stellen. Voormalig geneesheer-directeur Van Marle van het PBC noemt het een heel goed initiatief, dat ook zijn vruchten al heeft afgeworpen. 'De onderzoekers waren vaker in staat om een stoornis bij iemand vast te stellen. Dat is heel positief, en daarom juich ik deze pilot ook enorm toe.'

Daarnaast beseft men bij het PBC dat er méér kan. De Roos: 'Onderzoekers bij het PBC kijken nu, veel meer dan vroeger, bij weigerende verdachten naar andere omstandigheden.' De Roos heeft het over zogeheten milieuonderzoeken, waarbij ook de familie, vrienden en kennissen van een verdachte worden geïnterviewd over de verdachte. Op die manier brengen de onderzoekers in kaart wat voor soort persoon de verdachte is. Heeft hij in het verleden vreemd gedrag vertoond? Hoe reageerde hij in zijn jeugd op bepaalde situaties? Met die informatie kunnen de specialisten ook tot een oordeel komen.

Deze werkwijze heeft ook nadelen, weet tbs-advocaat Lieftink. Hij ziet een ontwikkeling waarbij misschien wel te snel conclusies worden getrokken. 'Bij het minste of geringste wordt er tegenwoordig een stoornis vastgesteld. Juist bij verdachten die weigeren mee te werken is dat het geval. Ik heb al meegemaakt dat een verdachte zwakbegaafd was, en dat er allerlei zaken bij werden gehaald. En *bam*, opeens was er een stoornis waarmee een tbs-maatregel binnen handbereik lag.'

Er zijn dus volop positieve ontwikkelingen, waarbij het voor verdachten steeds moeilijker wordt om níét mee te werken aan een persoonlijkheidsonderzoek. En daardoor is de kans steeds groter dat verdachten die thuishoren in een tbs-kliniek en behandeling nodig hebben, die ook daadwerkelijk krijgen. De zaak-Anne Faber heeft in deze discussie een belangrijke en mogelijk beslissende rol gespeeld.

Enig realisme is ook op zijn plaats. Niet iedere ziekte is te behandelen. Hoogleraar Sackers: 'We kunnen als samenleving nooit een panklare oplossing bieden voor alle problemen.'

In de forensisch-psychiatrische kliniek waar Michael verbleef ging veel mis. Er waren problemen met de personeelsbezetting, waardoor behandelingen niet van de grond kwamen. En drugs waren er makkelijk te krijgen. Wat is er niét misgegaan in de forensisch-psychiatrische kliniek Roosenburg in Den Dolder? Nadat Michael werd aangehouden op verdenking van betrokkenheid bij de vermissing van Anne Faber kwamen de verhalen los. Doordat tijdens bezuinigingsrondes miljoenen bespaard dienden te worden is de gevreesde kaasschaafmethode meer dan eens toegepast. Beetje bij beetje heeft de leiding van de kliniek in de loop der jaren ingeleverd op personeel, beveiliging en behandelingen voor patiënten. De gevolgen daarvan zijn bij Roosenburg pijnlijk aan de oppervlakte gekomen. Bovendien valt te vrezen dat de problemen bij andere (vergelijkbare) klinieken minstens net zo groot zijn. Ook bij andere instellingen in het land zijn de zorgen groot. En dan is er nog niet gesproken over tbs-klinieken, waar ook met enige regelmaat zorgwekkende berichten over in de pers verschijnen. Ook zij kampen met personeelsproblemen en drugs in de kliniek.

Wat is de oplossing? Investeren, zegt vrijwel iedereen. Van Marle, die spreekt vanuit zijn ervaring bij tbs-kliniek Van der Hoeve: 'Zo'n kliniek moet wel up-to-date zijn, want er verblijven zware misdadigers. Dan moet je dus voldoen aan de eisen. Dat kost geld en toezicht. Deze klinieken, en ook tbs-klinieken, kampen met zware personeelstekorten. Als maatschappij moeten we eisen dat dit goed is geregeld. Daarin moet worden geïnvesteerd. Iemand die de Himalaya gaat beklimmen gaat ook niet naar de HEMA om daar schoenen te kopen.'

Het grote tekort aan goed opgeleid personeel is en blijft een groot probleem, waar vrijwel iedere kliniek in Nederland mee te maken heeft. De Roosenburg-kliniek heeft veel tijdelijk personeel moeten inzetten om überhaupt te kunnen blijven functioneren. 'De capaciteit van sommige klinieken is teruggebracht omdat er te weinig personeel is. Klinieken zijn er druk mee bezig om gekwalificeerd personeel aan te trekken. Dit blijkt alleen erg lastig te zijn vanwege het krappe aanbod op de arbeidsmarkt. Het terugbrengen in capaciteit leidt op dit moment tot lange wachtlijsten,' stelt tbs-advocaat Lieftink.

Een ander groot probleem binnen (tbs-)klinieken is het gebruik van drugs. En hoewel ook gevangenissen vol zitten met pillen en poeders zouden juist dit soort klinieken gevrijwaard moeten zijn van verboden middelen. Lieftink: 'Het liefst zou ik willen dat deze klinieken weer vanaf het begin af aan worden opgebouwd. Dat kan niet, omdat deze patiënten dan op straat worden gezet of elders moeten worden geplaatst.' Toch is het belangrijk dat drugs zo veel als mogelijk buiten de deur blijven. In het geval van Michael zorgde de aanwezigheid van drugs ervoor dat hij weer terugviel in zijn slechte gedrag. En probeer dan maar eens voortgang te maken met een toch al moeilijke behandeling. Met strengere controles en personeel dat goed weet hoe drugsgebruik is te herkennen valt al veel te winnen. Lieftink: 'Het is zulk moeilijk en belangrijk werk, en de inzet en goede begeleiding van goed personeel is superbelangrijk. Het gaat soms om tikkende tijdbommen. Daar moet je geen risico mee willen nemen.'

In de Roosenburg-kliniek is na de moord op Anne Faber een en ander veranderd. Onder druk van de Inspectie worden versneld nieuwe mensen aangetrokken. Al blijft dat lastig vanwege de krapte op de arbeidsmarkt. Dat valt de politiek aan te rekenen, want de bezuinigingen hebben niet alleen Roosenburg getroffen. Over de hele lijn hebben dit soort klinieken flink moeten snijden en afscheid moeten nemen van goede en gekwalificeerde mensen. Daardoor is er niet alleen veel kennis verloren gegaan, maar zijn er ook grote risico's genomen met betrekking tot de veiligheid van medewerkers, patiënten, omwonenden en passanten. Er zou veel meer geld moeten naar dit soort klinieken, waar gevaarlijke mensen een behandeling krijgen. Het is precies zoals De Roos stelt: 'In klinieken waar we zieke en gevaarlijke mensen behandelen heb je personeel nodig dat bekwaam en deskundig is. Mijn god, waarom zou je daar überhaupt op willen bezuinigingen? Het zorgt voor veiligheid in onze samenleving, omdat we gevaarlijke mensen hier behandelen. De ondergrens is bereikt en er kan geen euro meer vanaf. Investeer!' Daarentegen is de hernieuwde scherpte op drugsproblemen in en rond de Roosenburg-kliniek positief te noemen. De vraag is in hoeverre deze ontwikkelingen zich alleen tot Roosenburg verhouden. Het antwoord daarop is niet te geven.

Hoe kón het dat Michael P., een veroordeelde verkrachter die nog in de gevangenis zou moeten zitten, vrij kon rondlopen en een onschuldig meisje kon verkrachten en ombrengen? Hoe kón het dat niemand heeft doorgehad dat Michael in de kliniek drugs gebruikte en geen behandeling kreeg?

De Roos: 'Zoals ik het zie heeft iemand binnen de kliniek een verkeerde inschatting gemaakt. Michael was op de dag van de moord onder invloed van drugs. En dat is niet gezien. Zoiets zou je moeten zien, en de kennis zou aanwezig moeten zijn. Natuurlijk kun je niemand individueel verantwoordelijk maken voor die fout. Het is de verantwoordelijkheid van de leiding.'

Ondanks alles heeft de Roosenburg-kliniek wel degelijk geprobeerd Michael P. te helpen, zegt hoogleraar Reclassering Peter van der Laan. 'Ik stel – ondanks de vreselijke afloop – vast dat er op allerlei momenten is geprobeerd het beste ervan te maken. De overplaatsing van Michael P. naar de forensische kliniek in Den Dolder is best een goede stap geweest. Anders had hij die tijd uitgezeten in de gevangenis, zonder behandeling. Vervolgens lijkt het alsof de behandeling die hij krijgt aanslaat. Zijn behandelaars waren positief, en zodoende kwamen de vrijheden in zicht.' En juist met die vrijheden, gecombineerd met de aanwezigheid van drugs in de kliniek, kon Michael niet omgaan. 'Dat dit heeft kunnen gebeuren, komt door een complex samenspel van factoren,' zegt Van der Laan.

'Alles wat mis kon gaan in deze zaak, is misgegaan,' stelt tbs-advocaat Lieftink. Michael kreeg geen tbs en kwam daardoor in een reguliere gevangenis terecht. Uiteindelijk vond de gevangenis in Vught het geen goed idee om Michael zonder behandeling terug de maatschappij in te sturen. Er was namelijk toch íets aan de hand. Vervolgens wordt Michael overgeplaatst naar de kliniek in Den Dolder. Daar blijkt vervolgens veel mis te zijn, waardoor Michael weer in aanraking komt met drugs. Zelfs als hij naar eigen zeggen stijf staat van de drugs hebben behandelaars niets door. 'Ik zet dan mijn masker op,' zegt Michael daar zelf over. Ook de behandeling die hij zou moeten krijgen komt niet van de grond. Toezicht is er niet of nauwelijks. Dat Michael zich bezighoudt met het opknappen en doorverkopen van gestolen scooters weet niemand bij Roosenburg. En dat hij zware gereedschappen, waaronder een mes en een betonschaar, tot zijn beschikking heeft voor verboden sloopwerkzaamheden is evenmin bekend.

Henny Sackers: 'Het is de Wet van Murphy. Alles wat er mis kon, is misgegaan. Anne is op het verkeerde moment op de verkeerde plek precies de verkeerde persoon tegen het lijf gelopen. Een nachtmerrie. Iedere ouder krijgt daar kippenvel van. Helaas kopen de nabestaanden van Anne Faber daar niets voor.'

Had de moord voorkomen kunnen worden, zoals vader Wim Faber heeft gesuggereerd? Lieftink: 'De suggestie begrijp ik. Hij zegt dat als Michael P. voor de dubbele verkrachting in Nijkerk tbs had gekregen, zijn dochter niet was vermoord. Ik vrees dat het bij Michael P. altijd verkeerd was afgelopen.'

Een bijkomend probleem is dat de behandelduur van Michael P. bij Roosenburg 'eindig' was. Als Michael tbs had gekregen had uiteindelijk de rechter bepaald wanneer hij zou zijn uitbehandeld en wanneer hij weer vrij in de samenleving zou komen. Michael zat echter in het kader van zijn detentiefasering in een forensisch-psychiatrische kliniek. Hij wist dat hij op een zeker moment zou vrijkomen. Als zijn behandeling dan nog niet was afgerond, was er geen rechter geweest die daar een stokje voor had kunnen steken. Dit probleem speelt bij honderden veroordeelden die in forensisch-psychiatrische klinieken in Nederland behandeld worden. Ook hun behandeling is eindig. Als de door de rechter opgelegde straf voorbij is, komen ze vrij. Of de behandeling nou geslaagd is, of niet.

Een complex samenspel van factoren, de Wet van Murphy, alles wat mis kon gaan is misgegaan, een eindige behandelduur… De familie en nabestaanden van Anne Faber kopen er helemaal niets voor. Dat de moord op hun Anne de problemen op de kaart heeft gezet en dat daardoor veranderingen in gang zijn gezet, is slechts een schrale troost.

DANK

Bijzonder veel dank ben ik verschuldigd aan jeugdvrienden van Michael P. Zij hebben veel verteld over hun gezamenlijke herinneringen aan Michael. Soms waren die herinneringen pijnlijk voor henzelf. Ik ben hun dankbaar dat zij deze verhalen toch hebben willen delen. Enkelen van hen wilden alleen praten als hun naam niet in het boek terecht zou komen. Soms was dat om redenen van veiligheid. Met die voorwaarde ben ik akkoord gegaan. De advocaten van Michael P. hebben niet willen meewerken aan dit boek.

Daarnaast ben ik veel dank verschuldigd aan verschillende medewerkers en voormalig medewerkers van de forensisch-psychiatrische kliniek Roosenburg in Den Dolder. Zij hebben persoonlijk ondervonden wat de gevolgen waren van de bezuinigingen op de sector waarin zij werken. Voor deze mensen is het niet gebruikelijk om met een journalist te praten. Van hen wordt ook verwacht dat niet te doen. Dat zij dit toch hebben gedaan is omdat zij het belangrijk vinden dat er iets verandert in de sector. Zij willen graag dat er meer wordt geïnvesteerd in de forensische psychiatrie. Misschien dat dit boek iets bijdraagt aan de maatschappelijke discussie op dit vlak.

Veel dank ben ik verschuldigd aan *AD Regio*-hoofdredacteur Paul van den Bosch, nieuwschef Ariën Prins en Richard Hoving. Zonder hun steun en vertrouwen had ik het onderzoek niet kunnen verrichten en was dit boek er niet geweest. Ook ben ik veel dank verschuldigd aan Maarten Boers, mijn redacteur. Waar zou ik zonder zijn geduld en praktische oplossingen zijn geweest?